Hermann Ritter

Naturspiritualität heute

Hermann Ritter

Naturspiritualität heute

Das Wissen der weisen Frauen und Männer

Lüchow

»Tanda' k'reidhaya kat«
Für Marion und all die anderen

Originalausgabe

Umschlaggestaltung: Margret Russer, München
Umschlagfoto: © Royalty-Free/Corbis
Gestaltung und Satz: Ingeburg Zoschke, Berlin
Druck und Bindung: Clausen & Bosse, Leck
Printed in Germany

ISBN 3-363-03103-3
ISBN 978-3-363-03103-4

www.luechow-verlag.de

Inhalt

6. Reine Techniken

7. Der heidnische Jahreskreis

8. Der heidnische Lebenskreis

1. Einführung

Was ist Naturspiritualität?

Am Anfang jeder Unterhaltung steht die Frage, ob die Personen, die sich unterhalten, dieselben Begriffe, dieselbe Sprache benutzen, um Dinge zu benennen. Wir sollten also zunächst einige Begriffe klären.

Ein Akt der Benennung von Dingen ist an sich schon Zauberei, denn wenn man etwas benennt, es mit einem Namen versieht, dann stellt man eine Beziehung zwischen sich und dem benannten Gegenstand her. Der Name, den man einem Ding gibt, verrät auch, wie man dazu steht.

Unser Verhältnis zur Natur lässt sich ein wenig mit dem Unterschied zwischen »siezen« und »duzen« im Deutschen erklären. Eigentlich siezen wir die Natur im täglichen Umgang; wir gehen mit ihr sehr distanziert um, haben keine echte Beziehung mehr zu ihr. Das Ziel der Naturspiritualität ist es, die Natur zu duzen, die Distanz zwischen uns und der Natur schwinden zu lassen, wieder eins zu werden mit den Kräften der Natur, der Gottheit, der Welt.

Regen, Sturm und Donner sollen nicht länger störende Einflüsse sein, denen wir mit Regenmantel und Schirm begegnen, sondern kraftvolle Elemente, die zu uns und mit uns sprechen. Dann erzählt uns der Wind Geschichten von den weit entfernten Enden der Welt. Die Sonne bringt uns Kraft und Licht. Die Wälder raunen uralte Geschichten, die Haine werden wieder heilig, und die Felder sind für uns voller Fruchtbarkeit und Kraft.

Wir haben viel verlernt in den letzten Jahrhunderten. Die Naturspiritualität ist ein Weg, um einen Teil dieses Wissens wieder zu erfahren und für uns selbst zu gewinnen. Und wenn man dieses Wissen für sich selbst gewonnen hat, dann kann man aus dieser Kraft schöpfen und die eigene Umwelt (Familie, Kollegen, Freunde) erfreuen und glücklich machen.

Naturspiritualität ist das Wissen um das Bewusstsein der Natur, um das Bewusstsein der Schöpfung, um das Bewusstsein allen Lebens um uns. Naturspiritualität ist der Versuch, eine Denkrichtung zu benennen, in der wir Menschen nicht die Krone der Schöpfung sind, sondern gleichberechtigt neben allen anderen Geschöpfen stehen. Wenn wir die Natur nicht beherrschen, sondern mit ihr zusammen leben, dann prägt das unseren Umgang mit der Natur.

Naturspiritualität heißt auch, dass wir uns einer anderen Art des Begreifens widmen müssen. Wir können nicht länger alle Dinge nur verstehen und über den Verstand erklären. Wir müssen lernen, Dinge zu erfühlen, zu erfassen und zu erfragen, sie zu verehren und zu verzaubern.

Bei der Beschäftigung mit Naturspiritualität wird es im Folgenden unter anderem um magische Orte und Kraftorte gehen, um die Erlangung von Wissen im Rahmen einer Ausbildung oder um das eigene Lernen, um den Jahreskreis und den Lebenskreis in der Naturspiritualität, um Techniken zur Unterstützung der eigenen Weiterentwicklung – und auch um Magie.

Noch einmal: Man muss sich auf ein paar Begriffe einigen, weil sonst unklar ist, über was man eigentlich redet. Naturspiritualität ist für mich eine Weltsicht, eine umfassende Form der Schau; unter diesem Blickwinkel betrachte ich die Welt und beschäftige mich mit ihr.

Magie hingegen ist die Technik wie auch die Energie, die zwischen verschiedenen Körpern fließt. Die Naturspiritualität bietet den Rahmen, den man sich gibt, die äußeren Regeln dessen, wie man mit der Welt umgeht. Magie ist nur eine Form der Technik, um diese Ansicht umzusetzen. Es gibt andere Formen und andere Begriffe. Ich habe diese Form und diesen Begriff gewählt, weil er dem, was ich beschreiben möchte, am nächsten kommt.

Also: Lass dich nicht von dem Begriff »Magie« abschrecken, sondern denke immer daran, dass es nur ein Begriff ist, ein Wort ohne jede Macht, das ich benutze, um bestimmte Dinge zu benennen. Ich hätte die Technik auch »Sofa« oder »Schokoladenbonbon« oder »Juschulenke« nennen können. Aber im dritten Fall hätte ich mich lächerlich gemacht, bei den beiden ersten Fällen hätte ich zu Missverständnissen aufgerufen, die ich nicht erzeugen will. Es ist schwierig genug, in einer Zeit, in der Zauber und Spiritualität deutlich aus der Welt gewichen sind, eine gemeinsame Sprache und eine gemeinsame Weltanschauung zu finden. Ich muss den Ballast auf meiner Seele nicht dadurch erhöhen, dass ich andauernd neue Begriffe erfinde.

Ich schreibe dieses Buch als jemand, dessen Religion die Naturspiritualität ist und der die Riten und Techniken seiner Religion durch den Begriff »Magie« definiert. Ich schreibe es zudem als jemand, der in der Stadt wohnt, ohne einen unmittelbaren Zugang zur Natur.

Wer bin ich?

Ein paar Worte will ich darauf verwenden, zu erklären, wer ich bin und wie ich dazu kam, das zu tun, was ich tue. Natürlich könnte ich auch einen »echten« Lebenslauf bieten – aber ich will, dass man mir zutraut, etwas über Naturspiritualität zu erklären, da wäre mein normaler Lebenslauf wahrscheinlich zu banal. Hier also meine Bewerbung.

Werte Leserin, werter Leser,
der Kauf dieses Buches spricht dafür, dass Sie sich für Naturspiritualität interessieren.

Schon seit über zwanzig Jahren beschäftige ich mich mit diesem Thema. Nach einer Ausbildung zum Drittgrad-Magier bei einer uralten Familientradition habe ich Weiterbildungen in germanischer und römischer Mythologie besucht. Auch konnte ich meine Kenntnisse durch Fortbildungen in den Bereichen »Heilung«, »Strukturelle Magie« und »Religion und Zauberei« vertiefen.

In Gruppen arbeite ich gerne. Verschiedene Seminare und Workshops, die ich organisieren und durchführen durfte, haben mir gezeigt, dass meine Stärken im Bereich der Anleitung und Schulung liegen. Auch meine Mitarbeit in magischen Kreisen hat gezeigt, dass ich mit Gruppen und Hierarchien keine Schwierigkeiten habe.

In der Anlage finden Sie meinen Lebenslauf, damit Sie sich von meinen Fähigkeiten überzeugen können.

Ich würde mich freuen, wenn ich von Ihnen höre.

Lebenslauf

Name:	Homo Magi
Adresse:	Mittlere Königreiche, »Zum Einhorn« (1. Tisch)
Familienstand:	ledig, zwei Geschwister
Ausbildung:	
vor 22 Jahren	Studium an einer kirchlichen Hochschule (mit Abschluss)
vor 19 Jahren	Beginn einer magischen Ausbildung (Drittgrad)
vor 17 Jahren	Studium einer Geistes-wissenschaft (mit Abschluss)
seit 11 Jahren	Mitarbeit in diversen heidnischen Organisationen
Zusatzqualifikationen:	
Englisch	in Wort und Schrift
Germanische Religion	gute Kenntnisse
Keltisches Heidentum	Grundkenntnisse
Latein	in Wort und Schrift
Magische Heilung	Grundkenntnisse
Phantastische Literatur	gute Kenntnisse (englisch/deutsch)
Römische Mythologie	mittlerer Kenntnisstand
Strukturelle Magie	gute Kenntnisse
Voynich	Grundkenntnisse
Veröffentlichungen:	Artikel in Fachmagazinen
Hobbies:	Lesen, Fahrrad fahren

2. Magie

Was bringt mir Magie?

Ich will mit einiger gängigen Metapher versuchen, den Mangel an Magie in der Welt aufzuzeigen. Unser Zeitalter ist arm geworden an Zauber. Weisheit und Alter werden mit skeptischen Blicken bedacht, dass wir uns die Erde untertan gemacht haben, anstatt mit ihr zusammen zu leben, dürfte auch dem letzten Menschen im verschwenderischen Westeuropa klar sein. Doch unser Untertan Erde muckt gegen uns auf und wehrt sich gegen die Parasiten, die sich selbst Mensch nennen.

Ein wenig klingt das so, als hätten wir die Erde entrechtet und ausgenutzt, und Magie ist hier zu so etwas wie einem Allheilmittel gegen Ausbeutung, Missbrauch und Umweltverschmutzung geworden. Leider kann ich mit diesem Allheilmittel nicht dienen.

Wem dieser Einstieg zu abwegig ist, der versuche einen anderen Blick auf den Zustand der Welt. Unter diesem Blickwinkel haben wir viel von dem verloren, was »in alter Zeit« noch gang und gäbe war. Die Wälder haben ihren Zauber verloren, die Burgen ihren Charme; wir haben die Erde wirklich »entzaubert« und ihr alle Grenzen genommen, während unsere Vorfahren diese noch erweitern und ausdehnen konnten. Wir sind gefangen in den Grenzen einer Welt, die wir uns selbst gemacht haben.

Unsere Welt ist profan, langweilig geworden – verschwunden sind Weihrauch und Feuer, Stahl und Schwur, Lohe und Leid.

Manchmal habe ich die romantische Vorstellung, dass ich Boten aus meiner Burg sende, die meine auf Pergament geschriebenen Worte in alle vier Himmelsrichtungen liefern. Diese Boten schickte ich gerne aus, gekleidet in Gold und Schwarz, mit einem Salamander in diesen Farben auf der Brust. Schwarze Stiefel trügen sie, dazu dunkle Hosen, gegürtet mit schwarzem Leder samt silberner Schließe. Und die Schließe zeigt einen Salamander aus Silber, der sich selbst in den Schwanz beißt. Der Umhang wäre dunkel, ebenso das Hemd. Auf der Brust prangte das Wappen. Der Verschluss des Umhangs wäre eine goldfarbene Spange in Form eines Salamanders. Meine Boten pochten an jedes Hoftor und kündeten von der Zauberei.

Oder ich träume von Schiffen, die hinaufreiten auf dem flammenden Strahl, hinauf zu den Sternen und zum Tannhäuser-Tor. Und sie brächten Boten mit sich, gekleidet in Silber und Schwarz, mit kleinen Taschen an ihren Gürteln. Und in diesen Taschen befände sich ein Etui aus Stahl, in dem ein kleiner Ring steckte. Diese Ringe würden, wenn man sie auf einer glatten Unterlage schnell genug drehte, meine Botschaft abspielen – und immer wieder abspielen können, bis zum Ende der Zeit.

Oder ich denke an Drachen, auf deren Rücken Reiter sitzen, die in ihren Satteltaschen meine Bücher transportieren.

Oder ich denke an Frauen in der Uniform der Boten, die in einer futuristischen Kulisse in einer Magnetschwebebahn sitzen und ihre Umhängetasche an sich pressen, während sie dem Ziel näher kommen. Bei diesem Ziel handelt es sich um eine Zitadelle an einem längst ausgetrockneten Kanal dieses Planeten, an dessen Wassern vor Jahrtausenden Ureinwohner geplanscht und gespielt haben mögen.

Doch das sind Träume, Phantasien. Ich kann die Wunden nicht heilen, welche die Neuzeit in unser Fühlen und Handeln geschlagen hat. Aber ich kann versuchen, etwas von dem Zauber wiederherzustellen, der früher einmal über der Welt lag. Als

Kinder haben wir ihn noch gespürt, manchmal fühlen wir ihn heute noch, wenn der Mond rot durch die Wolken lugt oder frischer Schnee die Landschaft verbirgt.

Und ich denke, dass ich dabei helfen kann, dass auch jemand anders diesen Zauber wieder erlangt. Mehr will ich nicht versprechen. Wenn ich mehr erreiche, gut. Aber ich will am Ende an dem gemessen werden, was ich eingangs versprach. Und das Versprechen, vielleicht (wieder) einen kleinen Blick auf den Zauber der Welt erhaschen zu können, das vermag ich zu halten.

Magie ist eine Technik, mit bestimmten Energien umzugehen. Magie ist aber noch mehr und eigentlich unmittelbar eine Sichtweise, ein Betrachtungswinkel, eine bestimmte Perspektive. Die Hexe, die vom Begriff her eine »Zaunreiterin« ist, konnte beide Welten sehen, weil sie rittlings auf dem Zaun saß. Magie hilft, einen zweiten Blick zu riskieren; Dinge nicht nur anzuschauen, sondern zu durchschauen. Magie hilft, in Dinge einzudringen – der böse Blick ist nur eine Umschreibung der Hexengegner für jenen Blick, der durch Herz und Nieren geht.

Wenn Magie etwas erreichen soll, dann darf ich mir nicht überlegen, was ich beherrschen, kontrollieren, verändern, beeinflussen oder manipulieren will. Es geht im ersten Schritt nur darum, etwas anders zu sehen, etwas wirklich zu sehen, etwas ganz zu sehen.

Hier beginnt Magie.

Aufgabe Nr. 1 — Die sechs Punkte

Besorge dir ein schönes Buch oder einen schönen Schreibblock. Nimm dir einen Stift, der dir gefällt und mit dem du bequem einige Minuten lang schreiben kannst.

Computer sind zwar eine tolle Möglichkeit, um sich die Arbeit im Büro zu vereinfachen, aber im Zusammenhang mit Magie sind sie völlig unbrauchbar.

Suche dir einen Zeitpunkt und einen Ort, an dem du für eine längere Zeit (eine Stunde Zeit sollte schon möglich sein) ungestört bist. Wenn du unterbrochen wirst – mache nach der Unterbrechung nicht weiter. Überlege dir in Ruhe, warum du nicht ungestört arbeiten konntest, und beginne die Aufgabe zu einem anderen Zeitpunkt wieder von vorn. Wenn du erneut unterbrochen wirst ... und so weiter, bis du die Aufgabe ohne Unterbrechung beenden kannst.

Überlege dir sechs Dinge in deinem Leben, die du gern anders (»tiefer« und »deutlicher«) und in Ruhe (an)schauen würdest. Schreibe sie so auf, dass du noch in einigen Jahren weißt, welche Personen, Orte oder Situationen du dir ausgewählt hast.

Erstelle diese Liste, notiere dir zu jedem Punkt ein paar Details, damit klar ist, was du deutlich erblicken willst. Nimm nicht weniger und nicht mehr als die genannten sechs Punkte – die Zahl ist unerheblich, aber es ist wichtig, dass du dich auf etwas einlässt. Und da du dich darauf einlässt, dieses Spiel nach meinen Regeln zu spielen, lege ich hiermit gleich die erste Regel fest: Es sind genau sechs Punkte.

Was will ich von der Magie?

Eine der Grundregeln, die mit der Anwendung von Magie fälschlich eng verbunden ist, ist: »Tu, was du willst, ist das ganze Gesetz.« Diese Anweisung oder Regel gehört sicherlich zu den am meisten missbrauchten und falsch verstandenen Texten über Magie und Spiritualität in der Geschichte der Menschheit.

Es wäre ein frommer Selbstbetrug, wenn ich davon ausginge, dass Magie nur dazu benutzt wird, Kranke zu heilen, Unglückliche zu trösten oder Schmerzen zu lindern. Die Frage, ob man mit Magie Menschen verletzen und Dinge zerstören kann, ist eine erste Überlegung, die man anstellen muss, wenn man sich mit diesem Thema beschäftigt. Doch die Frage, die man eigentlich diskutiert, lautet mitnichten, ob man mit Magie zerstören kann.

Wenn man dem Begriff der Magie als einer Energieform, die um uns herum vorhanden ist und von uns unter bestimmten Vorbedingungen genutzt werden kann, folgt, dann ist klar, dass man diese Energie auch zum Bösen einsetzen kann.

Eine Energie ist aus sich heraus weder gut noch böse. Dem elektrischen Strom ist es egal, ob er einen Backofen, einen elektrischen Stuhl oder eine Leselampe betreibt. Er ist einfach Energie, die benutzt werden kann. So ist es mit der Naturmagie auch.

Die wichtige Einstellungsfrage ist aber für jene schon entschieden, die sich an der Diskussion ernsthaft beteiligen. Dies ist nämlich die Grundfrage, ob Magie überhaupt vorhanden ist. Wer über die möglichen Wirkungen von Magie diskutieren kann, der glaubt an Magie in irgendeiner Form.

Darüber müssen wir uns an dieser Stelle klar werden: Wir reden hier über ein Weltbild, das nicht von allen Menschen in unserer Kultur geteilt wird. Magie war einmal ein selbstverständlicher Teil unserer Kultur, ist es aber nicht mehr.

Zurück zum Thema. Das leidige »Tu, was du willst, ist das ganze Gesetz« ist daher ärgerlich, weil es zwei unterschiedliche Handlungsanweisungen miteinander koppelt, ohne eine Gewichtung der Handlungsanweisungen anzugeben. Es geht hier um das Wollen und das Tun – zwei Dinge, die beide in der Magie wichtig sind. Folgt man den Anweisungen der Regel oberflächlich, kann man einfach tun, was einem in den Sinn kommt. Man handelt, ohne über die Handlungen länger zu reflektieren, weil sie dem Willen entwachsen sind.

Der richtige Ansatz greift jedoch tiefer. Die Frage, die man sich eigentlich zuerst stellen sollte, ist nämlich, was man wirklich will. Erst, wenn mir mein Wollen eindeutig klar ist, sollte daraus mein Tun resultieren. Denn sonst bin ich kein ernsthafter Magier, der sein Wollen in Taten umsetzt, sondern ich werde von kurzfristigen Einflüssen und Inspirationen getrieben, ohne mich jemals dem Kern meines Wollens zu nähern.

Wenn ich kein Getriebener sein will, der vom Schicksal und seinen Schlägen wie ein Blatt im Herbstwind bewegt wird, dann muss ich lernen, mich dem Wollen zu nähern, bevor ich das Tun perfektioniere. Der Wille ist das lenkende Element, der das Tun steuern muss – das Tun sollte erst erfolgen, wenn der Wille eindeutig ist!

Wollen und Tun

Aufgabe Nr. 2

Du hast sechs Dinge notiert, die du (an)schauen willst. Etwas anzuschauen, zu erblicken, zu betrachten ist eine Handlungsanweisung. Du hast damit Schritte gewünscht, die du einleiten möchtest, um etwas zu erkennen. Erkenntnis ist ein Ziel, das man nur erreichen kann, wenn die eigene Motivation eindeutig ist.

Setze dich in Ruhe hin, nimm dir wieder Zeit und Gelegenheit, um ungestört nachdenken und schreiben zu können. Wenn du unterbrochen wirst, setze deine Arbeit nicht an der gleichen Stelle fort, sondern beginne bei anderer Gelegenheit erneut und überlege dir in der Zwischenzeit, warum du bei dieser Aufgabe gestört worden bist.

Warum willst du ausgerechnet diese sechs Dinge in deinem Leben anders oder in Ruhe anschauen? Du hast wahrscheinlich ein Tun gewünscht, ohne dir über das Wollen und den Willen dahinter richtig klar zu werden.

Nimm dir daher die Zeit und notiere die Antworten auf folgende Fragen. Formuliere die Antworten so ausführlich, dass du sie auch später noch verstehst, wenn du das Buch mit deinen Notizen mittendrin aufschlägst.

a. Warum will ich dieses Ding genauer (an)schauen?
b. Hatte ich in der Vergangenheit nicht die nötige Kraft oder die nötige Gelegenheit, um es zu tun?
c. Was muss sich verändern oder hat sich verändert, damit ich in Zukunft den Willen aufbringe, dieses Ding genau anzuschauen?
d. Wovor habe ich bei diesen Dingen vielleicht Angst?

Was will ich wirklich von der Magie?

Diese Frage mag eigenartig klingen – schon gar, weil sie mit dem fast identischen Wortlaut bereits gestellt wurde. Aber der Vergleich zwischen Magie und Elektrizität muss zur Verdeutlichung erneut herhalten. Beim elektrischen Strom ist es so, dass er in modernen Wohnungen in jedem Zimmer vorhanden ist und wir die praktischen Steckdosen nur noch nützen müssen, um einen Radiator, eine Kaffeemaschine, einen Fön, einen Fernseher, eine Stereoanlage oder eine elektrische Zahnbürste anzuschließen. Der Strom liefert uns Licht, manchmal auch Wärme, er gibt uns die Energie für den Kühlschrank und den Herd. Er ist aus unserem Leben nicht mehr wegzudenken.

Magie ist auch eine universelle Energieform, die um uns herum fließt, überall vorhanden und unerschöpflich; sie fällt im Gegensatz zum Strom niemals von alleine aus. Mit der Nutzung von Magie hat unsere Kultur schon jahrtausendelange Vorerfahrungen.

Der große Unterschied betrifft die Frage der Nutzung. Für die Nutzung des elektrischen Stroms besitzen wir trotz seiner vielseitigen Anwendbarkeit und seiner Verfügbarkeit überall in unseren Wohnräumen klar bestimmte Geräte.

Eine elektrische Zahnbürste kann einen Bürstenkopf in Bewegung versetzen, sodass damit meine Zähne gereinigt werden. Ein

Kühlschrank senkt die Innentemperatur des Geräts, damit ich in ihm Dinge kühlen und frieren kann. Außerdem geht ein Licht an, wenn ich die Tür öffne, sodass ich den Inhalt des Kühlschranks betrachten kann. Ein Fön erzeugt heiße Luft, eine Lampe Licht.

Für die Magie gibt es keine klar definierten Geräte, welche die Energie für einen klar begrenzten Zweck (und nur für diesen Zweck) anwenden. Magie hat immer eine Streustrahlung, die Effekte erzeugt, die ich vorher nicht genau vorhersagen kann.

Dafür gibt es drei Gründe.

Erstens sind nicht alle Folgen der Anwendung von Magie sofort zu beobachten oder eindeutig mit der Ursache verknüpfbar. Wenn die Birne durchbrennt, weil ich die Lampe eingeschaltet habe, dann sind Ursache und Wirkung eindeutig verbunden. Wenn ich ein Ritual durchführe, um einen Freund zu heilen, und zwei Wochen später mein Hund stirbt, dann kann es einen Zusammenhang geben, es muss ihn aber nicht geben.

Zweitens haben magische Rituale keine im Labor getesteten Wechselwirkungen zwischen Gerät und Bediener. Ein Fön ist, bevor er an mich verkauft wird, durch diverse Erprobungen in Labors gegangen. Er erzeugt unter bestimmten Bedingungen warme Luft. Er funktioniert nicht im Vakuum (dürfte klar sein), ohne Strom (dürfte auch klar sein) und im Herzen eines Wirbelsturms. Aber das sind alles Dinge, die bei der Benutzung klar sind. Leider gibt es für magische Messer oder geweihte Bänder keine Bedienungsanleitung und keine geeichten Verfahren, um ihre Wirkung zu beschreiben oder zu garantieren. Selbst wenn wir angeblich uralte Rituale anwenden, so fehlen uns doch viele kulturelle Erfahrungen, die unsere Vorfahren noch hatten, die uns aber verloren gegangen sind. Natürlich kann ich heute weiterhin mit einem Stab aus Eichenholz zaubern – aber die Bedeutung dieses Baums und seines Holzes sind für mich völlig anders als für meine durch zehn Jahrhunderte von mir getrennten Vorfahren.

Drittens ist es so, dass die Intention des Gerätebenutzers bei der Magie eine wesentlich größere Rolle spielt als beim Strom. Um bei dem eben schon angeführten Fön zu bleiben, so will der normale Anwender sich damit die Haare trocknen. (Auch wenn manche den Fön zu ihrer Frau in die Badewanne werfen, um sie damit zu töten.) Da das Gerät eine klar begrenzte Anwendungsmöglichkeit hat, ist seine Nutzung auch klar. Daraus resultierend ist die Intention, die ich bei der Benutzung des Geräts habe, ebenfalls eindeutig.

So einfach mein Beispiel am Anfang aussah, so kann ich am Ende doch nur eines feststellen: Naturmagie funktioniert anders. Bei ihrer Anwendung bleibt immer eine gewisse Unschärfe, die wir in unserer Kultur nicht mehr gewohnt sind. Weder ist ein klarer Zusammenhang zwischen der Ursache und allen Wirkungen herstellbar, noch gibt es geprüfte und verlässliche Verfahren für die Magie, die allgemein anerkannt sind. Und als Drittes sind magische Rituale von der Intention des Benutzers abhängig. Meiner Ansicht nach gibt es weiße und schwarze Magie nicht in der Form unterschiedlicher magischer Energien, sondern nur in der Form unterschiedlicher Nutzungen derselben Energieform. Daraus resultiert, dass schwarz und weiß in der Magie letztendlich nur einer Wertung durch Moral und Regeln unterworfen sind.

An sich ist die zugrunde liegende magische Energie ohne jede weltanschauliche Bindung, sie ist einfach. Aber um im Außen etwas zu bewirken, muss Magie erst durch einen handelnden Geist gebeugt oder bewegt werden. Diese Beugung unter den Willen des Magiers ist nicht frei von Einflüssen durch unbewusste Wünsche und Triebe.

Magie ist eine Möglichkeit, bestimmte Dinge im Leben einfacher zu gestalten und Antworten auf Fragen zu erhalten, die man sich schon immer gestellt hat. Die beschriebene Unschärfe führt aber dazu, dass man auch Antworten auf Fragen erhält, die man nicht stellen wollte, und Dinge im Leben verändert, die man eigentlich nicht verändern wollte. Öfter wirkt man auch einen Zauber, um etwas zu verändern. Man tut genau das, was man sich vorgenommen hat, und ist sich sicher, dass die eigene Motivation sauber und rein ist. Es passiert dann aber etwas, mit dem man überhaupt nicht gerechnet hat; auf jeden Fall hat man das Gefühl, dass der Zauber völlig misslungen ist. Aber wenn ein bestimmter Zeitraum vergangen ist – zum Beispiel ein Tag oder Monat oder Jahr –, stellt man fest, dass der gewünschte Zustand erreicht wurde, ohne dass der gewünschte Effekt eingetreten ist.

Ein Beispiel soll genügen: Wenn ich mir die Liebe eines bestimmten Menschen wünsche und er mich selbst nach dem Ritual nicht liebt – ist dann das Ritual misslungen? Wenn ich nach dem »misslungenen« Ritual erkenne, dass er/sie nicht gut für mich ist, oder wenn ich jemand finde, der perfekt zu mir passt und der mich auch will, nachdem ich das »misslungene« Ritual gewirkt habe – wer hat dann den Fehler gemacht? Die Magie oder ich?

Noch einmal: Magie ist eine Energie ohne Bewusstsein. Doch gerade, weil sie so frei von eigenen Interpretationen ist, erzeugt sie manchmal die Effekte, die wir wirklich wollen, ohne dass uns das vorher bewusst war.

Der Gegenstand

Aufgabe Nr. 3

Suche einen Gegenstand, den du benutzen willst, um mit ihm ein Ritual durchzuführen.

Dieser Gegenstand sollte folgende Vorbedingungen erfüllen:

- Er sollte dir vertraut sein.
- Er sollte dir gehören.
- Er sollte im Ritual weder zerstört noch beschädigt werden.
- Er sollte klein genug sein, dass du ihn am Körper oder in einer Tasche über eine längere Strecke transportieren kannst.

- Er darf nicht lebendig sein.
- Er sollte, wenn er bei dir gefunden/gesehen wird, nicht dazu führen, dass du Unannehmlichkeiten irgendwelcher Art von den Obrigkeiten und/oder deiner Umgebung zu erwarten hast.
- Er sollte für dich in irgendeiner Verbindung zu dem stehen, was du unter Magie verstehst.

Einige dieser Bedingungen sind sofort zu verstehen, andere vielleicht nicht. Befolge sie trotzdem und suche dir deinen Gegenstand.

Wenn du meinst, ihn gefunden zu haben, dann lege ihn eines Abends unter das Bett (Kopfhöhe) oder unter das Kopfkissen (wenn dort genügend Platz ist und er nicht beschädigt werden kann). Wähle eine Nacht, in der du ausreichend Zeit zum Schlafen hast (du musst nicht sehr früh raus oder kommst erst spät ins Bett). Sorge dafür, dass du satt, müde und nüchtern bist. Ein zunehmender Mond ist für diese Arbeit deutlich geeigneter als ein abnehmender Mond.

Notiere am nächsten Morgen, was du geträumt hast bzw. wie du die Nacht verbracht hast.

Wenn du dabei ein gutes Gefühl hast, was dir in der Nacht passiert ist, dann wähle diesen Gegenstand. Wenn nicht: Suche dir einen anderen Gegenstand. Keine Diskussion!

Das gilt auch, wenn du bei der Suche nach dem Gegenstand bzw. beim Schlafen gestört wirst: Suche dir einen anderen Gegenstand. Und denke darüber nach, woran es gelegen haben könnte, dass du gestört worden bist.

3.
Eine kurze Einführung in das moderne Heidentum

Heidentum und Traditionen

Viele Menschen, die sich außerhalb der Offenbarungsreligionen (Judentum, Christentum und Islam) befinden, bezeichnen sich selbst als Heiden. Das Interesse an der Naturspiritualität ist nicht deckungsgleich mit einem Selbstbekenntnis zum Heidentum, aber es gibt eine große Übereinstimmung zwischen beiden Gruppen. Ich gehe nicht davon aus, dass die folgenden Erläuterungen für alle Menschen stimmig sind, die sich mit Naturspiritualität befassen. Aber da in den letzten Jahren das »moderne Heidentum« viele Begriffe besetzt hat, die auch in diesem Werk vorkommen (und seien es nur Begriffe wie Naturspiritualität und Magie), sind die folgenden erklärenden Worte notwendig.

Es ist immer wieder erstaunlich, wie viele heidnische Menschen heute noch Wert darauf legen, sich selbst als »in einer Tradition befindlich« zu definieren. Dabei sind diese Traditionen nicht so alt, wie immer wieder behauptet wird oder wie die Bezeichnung »Tradition« es suggeriert. Meiner Ansicht nach gibt es keine europäische Tradition, die seit der Antike in ungebrochener Linie weitergegeben wurde.

Die Gründer der modernen Esoterik hielten es im 19. und frühen 20. Jahrhundert nicht für notwendig, die alten Kulte (die ihnen auch nur aus Aufzeichnungen bekannt waren) wieder zu beleben. Ihnen war klar, dass sie im Begriff waren, etwas Neues zu schaffen, das mit dem Überlieferten nur den Namen und einzelne Elemente gemeinsam hatte. Und sie standen in ihrer eigenen Sicht nicht in einer seit der Antike »ungebrochenen Tradition«, sondern waren Wiedererschaffer und Erfinder von neuen heidnischen Traditionen, deren tatsächliche Ausprägungsformen verschollen oder vergessen waren. Damit befanden sie sich gerade im Zeitalter von Jugendstil und Romantik in der Nähe zu Stilrichtungen, die viele ihrer Ideale teilten, die also Ausdruck eines Zeitgeistes waren, der viele ihrer Ideen mittrug.

Es schien ihnen auch nichts auszumachen, aus verschiedenen geschichtlichen Epochen und aus verschiedenen Kulturen zu »entleihen«. Ihr Ziel war nicht eine Wiederholung des Gewesenen, sondern eine Neuschöpfung mit Hilfe von einzelnen Versatzstücken.

Mit dem Ende der Romantik im beginnenden 20. Jahrhundert und mit dem Beginn jener wissenschaftlichen Ära, die meinte, alles erklären und verstehen zu können, wurde auch für die Theoretiker der Naturspiritualität der Druck stärker, ihre eigenen Ansichten wissenschaftlich zu untermauern. Es reichte bald nicht mehr aus, dass Rituale und magische Handlungen einfach funktionierten; mit einem Mal musste die Spiritualität erklärbar und historisch überprüfbar sein.

Ist es wirklich wichtig, wer wann in welchem Text oder in welchem Ritual dies und jenes geschrieben oder gesagt hat? Eigentlich nicht. Wir gehen in der Naturspiritualität von Wesen aus, die älter sind als die menschliche Kultur. Sie sind also sicher älter als die Verehrung, die ihnen durch Menschen entgegengebracht wird. Und sie werden den Niedergang der Menschheit überleben. Da wir nicht wissen, wie hoch der Faktor ist, der ihre Lebenszeit von der unserer Zivilisation unterscheidet (10 mal so lange, 1 000 000-mal so lange?), ist es müßig, berechnen zu wollen, wie viele Anteile an der zeitlichen Existenz dieser Wesen eine wie auch immer geartete heidnische Tradition hat. Um es etwas plumper zu formulieren: Selbst eine lemurische Zivilisation, die als Grundlage einer heidnischen Tradition dient und die sich selbst eine Vorgeschichte von 122 635 Jahren gibt, ist nur ein winziger Bruchteil in der Existenzzeit einer Gottheit – nur ein Wimpernschlag im Auge der Ewigkeit.

Ist es dann sinnvoll, über die Frage zu diskutieren, ob ich meine Tradition gestern begründet habe oder ob ich anhand von Ritzzeichnungen in schwer zugänglichen Höhlen nachweisen kann, dass schon vor 2 000 Jahren Menschen denselben Weg gegangen sind wie ich? Es ist egal, weil jedwede Gottheit deutlich älter ist als jede menschliche Zivilisation – und noch sanft die Haselbüsche streicheln wird, wenn unsere Städte längst zu Staub zerfallen sind.

Was fehlt, ist etwas heidnischer Mut. Der Gottheit ist es egal, wie wir sie verehren – wir Menschen sind es, die am Ritus immer wieder herumkritteln. Um es etwas überspitzt zu formulieren: Mir ist kein Fall bekannt, in dem eine Gottheit eingegriffen hat, weil der Träger der heiligen Seife beim Ritual nicht im Süden des Ritualkreises gestanden hat – aber ich kann mich an mehrere Fälle erinnern, wo naturspirituell veranlagte Menschen sich gegenseitig in die Haare gerieten, weil sie sich in der Auslegung »des Wortes«, »der Inspiration« oder »des Buches« nicht einig waren. Meinetwegen mag der Träger der heiligen Seife während des Rituals auf und ab springen und dabei »Ein Bett im Kornfeld« singen – wenn es den Teilnehmern des Rituals gefällt und zum Erfolg des Rituals beiträgt, dann ist das völlig in Ordnung.

Gerade die Geschichte der letzten Jahrzehnte hat bewiesen, wie viel Leid über die Menschheit kommt, wenn Menschen ihre gemeinsamen Glaubensgrundlagen unterschiedlich auslegen und sogar bereit sind, dafür zu kämpfen und zu töten.

Lösen wir uns also vom Legitimationsgedanken und kehren wir zu dem zurück, was die Vordenker der Naturspiritualität schon vor über 100 Jahren wussten: Die Geschichte ist ein Steinbruch, aus dem wir täglich Steine schlagen, um unser Haus des

Lebens damit zu bauen. Unsere westeuropäische Kultur verwendet Schlager und Literaturzitate wieder, dreht Filme erneut. Wir stehen in der Geschichte, verändern sie aber auch immer wieder und deuten sie neu.

Wenn unsere Rituale kraftvoll und schön sind, dann ist es egal, wie alt sie sind – der Atem der Gottheit weht, wo er will, und wenn ich auf diese Weise einen Zugang zu ihr finde, dann ist das gut so.

Ich bin in dieser Hinsicht auch ein wenig gebranntes Kind. Wie oft durfte ich mir schon Sätze anhören wie: »Meine Meisterin ist von XYZ persönlich ausgebildet worden.« Als wäre ihre Ausbildung dadurch einen Schlag besser oder schlechter als die Ausbildung der völlig unbekannten ABC. Aber über XYZ kann man Bücher und Artikel in Magazinen lesen, bei ABC ist dem nicht so. Und dieselben Menschen, die der Werbung für Kosmetik und Waschmittel sehr skeptisch gegenüberstehen, fallen auf einmal auf diese Art von Reklame Hals über Kopf herein.

Manche Magier oder Lehrer der Naturspiritualität behaupten, ihr Wissen durch eine lange Linie von Initiationsträgern erhalten zu haben. Doch ein guter Lehrer, ein wahrer Weiser, das wird man nicht durch Stand oder Geburt. Alle wirklich großen Meister wussten das.

Aufgabe Nr. 4 Märchen, Zauber, Wunder

Um herauszufinden, wer du bist, musst du auch herausfinden, wo deine Wurzeln liegen.

Wir leben in Bildern und Gedanken. Die materielle Welt ist jene, die wir mit den Händen berühren und begreifen können (im wahrsten Sinne des Wortes). Die geistige Welt ist von uns getrennt, wir können sie nicht einfach erkennen. Von daher müssen wir Mittel und Wege trainieren, um uns ihr zu nähern.

Was wir als Erstes brauchen, das sind Bilder. Mächtige Bilder, kräftige Bilder, die uns helfen, das zu verstehen, was draußen ist. Am prägendsten sind hier die Bilder, die wir mit Märchen, Zauber und Wunder in Verbindung bringen.

Vielleicht sind es Figuren und Motive aus Märchen, die uns als Kinder vorgelesen wurden, oder die Heldinnen und Helden der ersten Bücher, die wir gelesen haben. Vielleicht sind es auch Szenen aus Filmen oder Hörspielen, die uns geprägt haben. Die Quelle ist gleich, solange sie mit jenem wundersamen Sinn verbunden ist, der anscheinend in Kinder- und Jugendtagen am direktesten den Zugang zu uns findet.

Am besten ist es, nicht lange darüber nachzusinnen, was dieser Sinn ist – jede Erinnerung, die in unserem Bauch ein angenehmes Gefühl auslöst, ist auch die Erinnerung an eine angenehme Situation.

Suche bitte in aller Ruhe die Antwort auf folgende drei Fragen. Lasse dir für die Beantwortung mindestens einen Tag und eine Nacht lang Zeit – das heißt mit anderen Worten, dass du über die Antwort schlafen sollst. Schreibe die Antworten auf.

1. Welche Person/Figur aus der Gruppe der Märchen, Zauber und Wunder verkörpert für dich am ehesten das, was du sein möchtest?
2. Welcher Person/Figur aus der Gruppe der Märchen, Zauber und Wunder würdest du am liebsten alles erzählen, was dich bedrückt und/oder ängstigt?
3. Welcher Gegenstand aus der Gruppe der Märchen, Zauber und Wunder sollte eigentlich dein sein?

Das ständige Vergessen der eigenen Kultur

Ich möchte eine kurze Geschichte als Beispiel erzählen, um vielleicht ein wenig von dem zu verdeutlichen, was ich sagen will.

Ein Mensch, der nach einem Autounfall alles über sich und sein Leben vergessen hat, zieht – als er aus dem Krankenhaus kommt – wieder in seine »alte« Wohnung, die ihm jetzt unvertraut, gar fremd erscheint. Er beginnt damit, sein altes Leben langsam wieder in Besitz zu nehmen. Er schaut sich oft stundenlang alte Fotoalben an, wirft Blicke in Bücher, die in seinen Regalen stehen, versucht anhand der Dosen im Küchenschrank herauszufinden, was ihm »früher« geschmeckt hat.

Und er wird versuchen, mit seiner Umwelt Kontakt aufzunehmen. Er wird vielleicht seinen alten Kalender hervorkramen und ein paar Leute anrufen. Wenn er schüchtern ist oder seiner erwachten Neugier noch nicht traut, wird er sich vielleicht darin versuchen, Briefe oder E-Mails zu schreiben.

Stück für Stück wird er sich wieder entdecken. Er findet ein Hemd im Schrank, das eine bestimmte Erinnerung wachruft. Er entdeckt einen Geruch in einer Rasierwasserflasche, der ihn die Augen schließen lässt und ihn an den Kuss einer schönen Frau erinnert. Er findet ein Buch, das er als Kind gelesen hat, und erinnert sich wieder an jenes Kind, das er einmal war.

Und langsam, aber sicher werden seine Freunde und Verwandten wiederkommen. Einige haben ihn schon am Krankenbett besucht, Verwandte meist, Geschwister oder Eltern. Andere haben es gescheut, wollten ihn vielleicht auch nicht überbelasten, während er im Krankenhaus lag und mit seiner Geschichte und seiner Rolle rang. Eine Freundin vielleicht, dann der junge Mann, der neben ihm die Schulbank drückte, auch ein paar Nachbarn, die klingeln und versuchen, ihm zu erklären, wer sie sind, wer er »war« und was sie verbunden hat.

Viele Geschichten scheinen sich anfangs nicht zu verbinden, Namen tauchen nicht wieder auf, und wenn, dann in eigenartigen Zusammenhängen. Eines Tages entdeckt der Mann beim Hören einer Geschichte, dass der Spitzname, den er schon oft gehört hat, der Name seiner Ex-Freundin ist. Auf einmal finden Namen und Bild zueinander. Oder ein Onkel kommt vorbei, schüchtern fast, mit Blumen unter dem Arm. Sie hatten Ärger, der Mann und sein Onkel. Und auf einmal ist alles wie weggewischt, man findet den Mut zu einem neuen Anfang.

Und eines Tages wacht der Mann auf und hat einen Tag vor sich, in dem nichts mehr im Dunkeln liegt. Jeder Fußtritt, jeder Gegenstand, jede Person sind ihm vertraut. Und wenn er abends in sein Bett geht, dann hat er das Gefühl, erneut ein Leben zu haben – sein Leben. Und doch weiß er, dass dieses neue Leben sich von seinem alten Leben unterscheidet. Er konnte alle Entscheidungen neu treffen, weil die Tafel seines Lebens wie leer gewischt war. Er hat eine neue Chance erhalten, alles zu ordnen. Und er hat sie – hoffentlich – genützt.

Warum erzähle ich diese Geschichte? Weil sie ein wenig von dem aussagt, was ich über das Wiedererwachen der Naturspiritualität in den letzten hundert Jahren denke. Eine Kultur, ein Land werden auf einmal wach und stellen fest, dass sie Teile ihrer Geschichte »ausgeblendet« oder »vergessen« haben. Wir Deutschen (wenn ich dieses »wir« einmal so im Raum stehen lassen kann) hatten das schon einmal, in der Romantik. Auch sie war eine Rückbesinnung auf das (mythische) Mittelalter, ein Wiedererwachen von Riten und Zeichen, Liedern und Tänzen. Viele Elemente der Romantik tauchen auch in der Naturspiritualität auf.

Auf einmal stellten wir fest, dass wir mit dem Mythen- und Bilderschatz des christlichen Abendlands nicht alles erklären konnten. Die Religion ist nicht in der Lage, mit den Veränderungen der Industrialisierung Schritt zu halten (oder vielleicht ist sie auch überholt, weil irgendwelche Veränderungen am Sternenhimmel geschahen; meine Erklärung ist weniger elegant, wie ich zugeben muss). Und man besinnt sich darauf, was »früher« hier gewesen war.

Mit einem Bein stand man noch in der »normalen Welt«, nutzte Auto und Zug, sah fern und hörte Radio. Man kaufte sich neue CDs und duschte warm. Aber das andere Bein stand in der Naturspiritualität, stand einem mythischen Zeitalter nahe, in dem noch gütige Götter um das Geschick der Erde fochten.

Und hier ist es genauso gelaufen wie bei meinem Patienten. Man schaut sich um, versucht erst einmal festzustellen, wo man ist und wer man ist. Man entdeckt alte Kultplätze wieder und erinnert sich erneut an Geschichten, die einem als Kind zugeraunt wurden.

Es wurde seit dem zweiten Weltkrieg in ganz Deutschland versucht, die alten Plätze wieder zu finden und sie erneut mit Leben zu füllen. Man beschäftigte sich mit alten Liedern, Sagen, Gedichten und Geschichten.

Viele Menschen versuchten, ihre eigene Geschichte aufzuarbeiten. Wer sind wir? Woher kommen wir?

Und immer wieder ließen einzelne Gegenstände, die man fand, die Erinnerung an das hochkommen, was früher war. Ein grünes Gesicht an einer Kirchenfassade, ein schöner Hain mitten im Wald, der Innenraum einer alten Fliehburg, ein Gedicht aus der Romantik, ein mittelalterliches Liebeslied, ein trüber echter Apfelsaft, etwas Gewürzwein – das ganze Bild war nicht mehr zu rekonstruieren, aber Stück für Stück konnte man versuchen, sich das zurückzuerobern, was man verloren geglaubt hatte.

Vor einiger Zeit war ich in Budapest und nahm dort an einer Stadtrundfahrt teil. Das war lustig, denn es gibt in Budapest mehr als einen Ort, an dem man verschiedene geschichtliche Epochen nebeneinander sehen kann. Betrachtet man den Gellertberg (den heiligen Berg im Herzen Budapests) von der anderen Donauseite aus, sieht man osmanische Gebäude, katholische und orthodoxe Kirchen, Gebäude der K.u.K.-Monarchie und eine stalinistische Siegessäule. Man sieht aber auch den Gellertberg selbst, auf diesem befand sich – will man meiner Stadtführerin Glauben schenken – ein keltisches Heiligtum, auf dem die Hexen früher ihren »Hexensamstag« feierten.

Irgendwie war das rührend übersetzt, und ich hatte viel Spaß dabei, leise in mich hineinzukichern. Der Gellertberg ist schön, sogar ein Ort der Kraft, wenn man sich auf ihn einlassen will. Voll mit Touristen, natürlich, aber das ist bei solchen Orten öfter der Fall.

Aber mir fiel wieder ein, wie wichtig es mir ist, mein Leben genauso zu gehen wie jener Mann in meinem Beispiel. Ich hatte mein magisches Gedächtnis verloren und habe es wieder finden (und wieder erfinden) müssen. Irgendwie spürte ich mein ganzes Leben lang, dass es etwas gibt, das ich nicht benennen oder erklären kann. Aber ich versuchte auch stetig, mein »Erbe« wieder mit Leben und Erinnerungen zu füllen. Ein Buch hier, ein Lied da, ein Kuss dort, ein Blatt hier.

Mich und meine Einstellungen prägen die Erfahrungen, die ich in meinem Leben gemacht habe. Und mich prägen die Bilder, die in meiner geistigen Wohnung stehen, meine Verwandten, die mir Dinge über mich erzählen können. Meine Verwandten sind für mich die nächsten europäischen Kulturen. Das ist die Geschichte der Deutschen, aber auch die der Slawen, der Zigeuner, der Juden. Auch die Römer, die Griechen und die Kelten haben durch ihre Überlieferungen mein magisches Denken mitbestimmt.

Und es sind noch die Bilder in meinem mentalen Fotoalbum, die ich aufgearbeitet habe. Der Wald im Herbst, die Blindschleichen im feuchten Gras, der Salamander auf dem Stein, die blühende Wiese. Der Geruch von reifen Äpfeln, aber auch der Geruch von frischem Teer. Billiges Papier voll schöner Kinderabenteuer und die Illustrationen der Romantik in alten Gedichtbänden.

Man kann erst mit anderen über Leben und Naturspiritualität reden, wenn man das eigene Leben in der Naturspiritualität »wieder« gefunden hat. Wir alle sind Sucher, und meistens suchen wir das Ich. Es ist ein langer Weg, aber wenn man ihn richtig geht, dann geht man ihn gern. Denn am Ende findet man sich. Auch, wenn man sich vorher nicht gesucht hat.

Aufgabe Nr. 5 — Wieder finden

In der letzten Aufgabe habe ich dich gebeten, zwei Personen/-Figuren und einen Gegenstand zu benennen. Die eine Person sollte deine Wünsche verkörpern, aber auch dein Potenzial. Die andere Person stand für deine Erwartungen und Hoffnungen, deine Umwelt betreffend. Der Gegenstand war ein Ziel, die Personifikation von Wünschen und Ideen.

Nimm dir Zeit. Schau dir an, was du zur letzten Aufgabe aufgeschrieben hast. Schreibe dir einen Zettel, auf dem die zwei Personen und der Gegenstand stehen. Befestige diesen Zettel so, dass du ihn morgens siehst, bevor dein Tagewerk beginnt – hänge ihn neben den Badezimmerspiegel oder über das Bett oder an einen anderen markanten Ort, den du jeden Morgen vor Augen hast.

Nimm dir eine Woche Zeit. Die Sieben ist eine magische Zahl, eine Märchenzahl. Sieben Tage und sieben Nächte sollst du Ausschau halten nach den drei Dingen, die du selbst beschrieben hast.

Suche sie – finde oder erfinde sie, aber gib ihnen in deinem Leben Namen und Raum.

Gefahr von rechts – Naturspiritualität und Faschismus

Dieses Kapitel weicht ein wenig von der Form der vorhergehenden Kapitel ab. Ich bitte um Verständnis, dass eine Stellungnahme zum Faschismus nötig ist. Gerade, weil viele Menschen, die sich nur oberflächlich oder gar nicht mit Naturspiritualität beschäftigt haben, diese gern mit Begriffen wie »Nazis« oder »Faschismus« in Verbindung bringen.

Das liegt zum Teil an verwendeten Symbolen wie Fackeln, Klingen und Roben, zum Teil daran, dass der deutsche Faschismus viele Elemente der Esoterik missbraucht hat.

Ich möchte eine Definition der Naturspiritualität versuchen: Naturspirituelle Menschen sind europäisch geprägte, religiöse Menschen, die keiner der Offenbarungsreligionen angehören. Ihre Anschauung bildet sich aus einer Verbindung von antiken und Renaissance-Einflüssen mit ökologischen Elementen.

Faschismus aber ist eine männerbündische, fremdenfeindliche Weltanschauung, die auf einer erfundenen Rückbesinnung auf die eigene Scholle und einer historischen Hoch-Zeit in einem mythischen Mittelalter mit weisen Herrschern, weiten Grenzen und mythischen, zeitlosen Orten beruht. Freundschaft und Mut stehen dort neben Barbarei und atavistischer Unmoral. Hier treffen die Phänomene des 20. Jahrhunderts aufeinander: Technikangst und Technikbegeisterung, Massenmord, Schwüre und goldbetresste Uniformen.

Schon dieser Umriss dürfte zeigen, dass beide Begriffe auf verschiedene Quellen Bezug nehmen, die sich ähneln. Ohne eine umfassende Analyse liefern zu wollen, sei der Verweis auf die Bedeutung von mythischen Zeitaltern, weiser Herrschaft und Natur in beiden Weltanschauungen erlaubt.

Jener dunkle Ort, an dem Blut Sinn, Freundschaft und Verbindung stiftet, wo mythische Bilder, Fackeln, Trommeln und romantische Sprache Sinn und Bedeutung zu stiften trachten, wo hinter dem Rauschen der Wälder ein mythisches Raunen liegt, nährt zwei Quellen, die zum faschistischen und zum heidnischen Fluss werden.

Damit hier keine Missverständnisse aufkommen: Den Faschismus zu bekämpfen muss Ziel jedes freiheitlich denkenden Menschen sein. Naturspiritualität und Faschismus schließen sich gegenseitig aus, weil sich ihr Menschenbild und ihr Naturverständnis unvereinbar gegenüberstehen.

Das Verhältnis des Heidentums zu den Offenbarungsreligionen

Auch hier ist eine Erklärung notwendig, bevor ich mich wieder anderen Fragen zuwenden kann.

Beim Christentum und beim Islam handelt es sich um »Offenbarungsreligionen«: Ein Mensch (beziehungsweise ein Mann, Frauen scheinen in patriarchalen Kulturen nicht die Gelegenheit zu erhalten, eine Religion zu gründen) hat eine Offenbarung, spricht zu Gott, den Ahnen oder wem auch immer und macht die Ergebnisse dieser Unterredung zu seiner Religion. Und natürlich will er – da er vom wahren Glauben erfüllt ist – auch andere Menschen davon überzeugen, sich seiner Religion (sprich: der wahren Religion) anzuschließen. Das geht nicht ohne Blutvergießen, denn natürlich sind die anderen Menschen nicht sofort bereit, die neue Religion mitzutragen.

Dies ist vielleicht der große Unterschied zwischen Naturspiritualität und Christentum oder Islam – die Naturspiritualität ist keine Offenbarungsreligion. Hier gibt es keine Stunde Null, keinen Ort, von dem alles ausging. Es gibt auch keinen Religionsgründer, dessen Wort auf die Goldwaage zu legen und dessen Taten alle wunderbar sind (im doppelten Sinne).

Die Naturspiritualität ist an verschiedenen Orten im selben Zeitalter gewachsen. Ob es eine kosmische Veränderung (»das Zeitalter des Wassermanns«) war, die dies hervorgerufen hat, sei dahingestellt. Vielleicht waren es die Zeitumstände, die diese Entwicklung nötig gemacht haben.

Die Mitgliedschaft in einer heidnischen Gruppe ist offen. Es gibt keine verbindlichen Dogmen, für deren Nichteinhaltung man bestraft wird, es gibt keine Bindung an den Staat (also keine Steuer, mit der man finanziert wird, keine eigenen Schulen oder ähnliche offizielle Einrichtungen). Und die meisten Gruppen, die sich mit Naturspiritualität beschäftigen, sind offen für alle Menschen, die sich für das Thema interessieren.

Natürlich stehen unterschiedliche Gruppen in Konkurrenz zueinander. In der Naturspiritualität hat sich in Deutschland in den letzten 15 Jahren ein Markt entwickelt, in dem Schulen und Anbieter um Kunden buhlen. Auch ist es so, dass manche Gruppen auf andere herabschauen, weil sie ihrer Meinung nach die wahre Lehre leugnen oder aber einfach Folgerungen ziehen, die lächerlich oder falsch sind. Aber es gibt keine Verbrennungen von Andersdenkenden und keine Bücher, die auf den Index gestellt werden, weil sie Ansichten vertreten, die der herrschenden naturspirituellen Lehre widersprechen – einfach, weil es keine in sich geschlossene, gemeinsame und für alle verbindliche Lehre gibt. Und das ist auch gut so.

Regeln

Aufgabe Nr. 6

Naturspiritualität ist keine Offenbarungsreligion. Trotzdem gibt es natürlich Quellen, aus denen unser Glauben gespeist wird. Manchmal sind es Menschen unserer Umgebung, die uns prägen, manchmal Bücher und Filme. Oft sind es auch einschneidende Ereignisse, die uns bewogen haben, der Naturspiritualität in unserem Leben (mehr) Raum zu geben.

Was waren deine Quellen, wo sind deine Wurzeln?

Die Frage mag banal klingen, aber sie ist sehr wichtig. Diese Quellen sind es nämlich, aus denen man später viel seiner Kraft zieht. Man sollte sich oft an sie erinnern; gerade dann, wenn man »leer« ist und nicht weiterweiß. Dann ist ein schönes Buch, eine Erinnerung oder ein altes Lied »Gold wert«.

Nimm dir Zeit. Suche die Stille und finde einen Platz, an dem du in Ruhe nachdenken kannst. Es sollte schon ein Nachmittag oder ein ganzer Abend sein, der ungestört ist. Wenn eine Störung eintritt: Schlafe darüber, fange dann von vorn an und denke darüber nach, woher die Störung kam.

Schreibe drei Quellen auf, aus denen du deine Kraft, dein Selbst speisen kannst. Hier gibt es keine richtigen und keine falschen Antworten – die Antworten müssen für dich passend sein, für niemanden sonst. Und sei dir immer bewusst, dass diese Antworten auch nur für dich richtig sind – jemand anders wird wahrscheinlich völlig andere Quellen nennen.

Paranoia und Ängste

Die Ängste eines Menschen sagen viel über ihn aus. Jemand, der Angst vor fast allen Dingen hat, und jemand, der nur Angst vor körperlichen Schmerzen hat – wen würdest du in deiner Firma anstellen, wen würdest du für einen gefährlichen Auftrag ins Auge fassen? Wahrscheinlich immer den Zweiten.

Unsere Ängste bestimmen große Teile unseres Lebens, weil sie uns einengen und begrenzen. Aber was sind Ängste? Wie kann man ihnen begegnen?

Ein schönes Beispiel, um Ängste aufzuzeigen, ist die Angst vor Kriminalität. Man liest immer wieder von aufgebrochenen Wohnungen und entwendeten Autos. Ist man selbst betroffen, fällt es immer schwer, mit dem Schock und dem Verlust zu leben. Ich behaupte auch nicht, dass die Angst vor solchen Verbrechen wirklich viel über den Menschen aussagt – das sind Dinge, gegen die wir uns ein wenig schützen können, aber ein echter Schutz ist nicht möglich. Wer sein Auto mit offenen Türen und im Schloss steckendem Schlüssel stehen lässt, der ist selbst schuld, wenn es gestohlen wird. Wer aber bei jedem Halt zusätzlich noch eine Metallklammer um das Lenkrad schraubt, der schätzt das Risiko wohl zu hoch ein. Angst ist ein guter Führer, wenn es darum geht, vernünftige Vorsorge zu schaffen. Aber nicht alle Ängste sind vernünftig.

In einem Warenhaus bin ich vor einiger Zeit an der Kasse nach der Postleitzahl meines Wohnorts gefragt worden. Ich sagte, dass ich die nicht angeben wolle. Darauf teilte man mir mit, dass die Kasse »keine Eingabe« nicht akzeptieren würde, also könne ich dann nicht bezahlen. Ich wollte erst 99999 als Postleitzahl angeben, aber dann stellte sich heraus, dass der Rechner auch noch eine Plausibilitätsabfrage machte, die Postleitzahl 99999 wollte der Kassenrechner nicht akzeptieren, da sie nicht vergeben ist. Die Waren ließ ich liegen und bin gegangen. Eine freiwillige Umfrage hätte ich mir gefallen lassen – aber so etwas, das wollte ich nicht. Ich möchte darüber entscheiden können, wann ich Daten von mir weitergebe und wann nicht.

Ich habe das hier erwähnt, um zu belegen, dass ich auch Ängste habe, die Teile meines Lebens bestimmen. Aber ich halte diese Ängste für handhabbar, da ich sie kenne und weiß, wie ich mit ihnen umgehen muss.

Die Naturspiritualität sollte einen erwachsenen Menschen als Ziel haben, der so weit wie möglich frei von Ängsten ist – und weiß, wo seine Ängste liegen, und lernt, mit ihnen umzugehen. Ich will bei der Naturspiritualität nicht anderen Menschen Angst einjagen, daher verwende ich Zauber und Zauberformeln, die banal sind. Ein schönes Beispiel für eine solche »ablenkende Zauberformel« ist frei nach Wilhelm Hauff aus »Das Gespensterschiff«:

»Kommt ihr herab aus der Luft,
Steiget ihr aus tiefem Meer,
Schlieft ihr in dunkler Gruft,
Stammt ihr vom Feuer her;
Ich bin euer Herr und Meister,
mir sind gehorsam alle Geister.«

Diese Quelle dürfte unbedenklich sein, und sie ist poetisch schön. Und sie ist völlig ungefährlich.

Aufgabe Nr. 7 **Das Leben als Karte**

Stelle dir deine Persönlichkeit – sozusagen »deine kleine Welt« – als Landkarte vor. Nimm dir ein leeres Blatt in deinem Buch vor und zeichne die private Landkarte deines Lebens.

Trage Berge, Burgen oder Schlösser an Plätzen ein, wo schöne Erfahrungen oder gute Erinnerungen sind. Markiere auch Fähigkeiten und Vorteile deiner Person auf diese Weise. Male Flüsse, die zeigen sollen, aus welchen Quellen du mit Kraft und Energie gespeist wirst. Trage Wälder ein, die deine Geheimnisse bezeichnen, deine düsteren Seiten, aber auch deine Ängste. Wenn du Ängste hast, die nichts mit dem kalten, kühlen Licht eines Waldes zu tun haben, dann gib ihnen Schluchten oder Höhlen als Orte.

Es ist deine Landkarte. Wenn du ein Meer im Osten oder eine Wüste im Süden hast – nur zu!

Fange ruhig mehrmals an. Hier ist es ohne Belang, ob du bei der Arbeit gestört wirst oder mehrere Ansätze oder Versuche brauchst, um dein Werk zu vollenden. Das Leben ist eine Aufgabe, der wir uns auch (trotz Störungen) immer wieder von neuem widmen, daher ist es in Ordnung, wenn es auch im Rahmen dieser Aufgabe geschieht.

So, jetzt zur eigentlichen Aufgabe. Wenn du ein Reisender wärst, der durch dieses Land reisen soll – wo müsstest du Schilder aufstellen, um vor Dingen zu warnen, die Angst machen, oder vor Stellen, die im Umgang mit dir gefährlich sind?

Meine These ist eine ganz einfache: Ab einem bestimmten Alter ist es nicht mehr unsere Hauptaufgabe, unsere Fehler zu verbessern oder immer wieder zu versuchen, alte Muster zu brechen (Vorsicht: Ich schreibe »Hauptaufgabe«; es ist zeit unseres Lebens eine unserer Aufgaben, daran zu arbeiten). Wir sollten eher Energie darauf verwenden, diese Muster zu erkennen und andere davor zu warnen.

Wenn wir selbst wissen, dass wir unter bestimmten Umständen immer laut und wütend werden – wenn wir aber genauso wissen, dass wir diese Umstände schwer in unserem Leben vermeiden können und es uns auch nicht möglich ist, uns dann nicht aufzuregen –, sollten wir lieber die Fähigkeit verbessern, andere Menschen, die uns nahe stehen, darauf hinzuweisen, dass wir mit diesen Dingen ein Problem haben, ein Verständnis dafür schaffen, warum wir diese Situationen gern anderen überlassen und eine Kultur erzeugen, die es uns später möglich macht, uns zu entschuldigen, wenn es doch schief gegangen ist.

So ist es mit dieser Landkarte auch. Natürlich sollten wir das ganze Leben lang versuchen, unsere Nachteile auszugleichen und Fehler zu vermeiden. Aber wir leben nicht allein. Es ist genauso wichtig, um unsere Fehler zu wissen und diese Fehler zu kommunizieren. Wir sind kein einzelnes Wesen, das ohne Gesellschaft lebt, sondern Teil einer großen Gruppe.

Noch einmal die Frage: Wo musst du also auf dieser Karte deines Lebens Warnschilder aufstellen? Und wie sehen diese Schilder im wahren Leben aus?

4. Grundsätzliches zur Magie

Mächtige Plätze – Kraftorte und ihre Bedeutung

Die magische Landkarte, die über dem Land liegt, hat ebenso viele Markierungen und Linien wie eine normale Landkarte der Welt. Doch während sich zwei Menschen auf eine gemeinsame Auslegung einer Wanderkarte einigen können, ist die Landkarte der Magie unübersichtlicher.

Ein paar Erläuterungen sind nötig, um ein Raster zu schaffen, mit dem sich die magische Welt beschreiben lässt. Erstens ist das notwendig, um eine gemeinsame Sprache zu finden. Und nur, wenn man eine gemeinsame Sprache hat, dann kann man sich im zweiten Schritt auf Reiseziele in der magischen Welt einigen und Erfahrungen austauschen.

Beginnen wir mit den Energielinien, die über die Erde verlaufen. Der Trick bei den Energielinien ist, dass sie sich wie ein weiteres Muster über unsere Welt legen, aber nicht sichtbar sind. Nur wenige Menschen können Energien immer sehen (meine Erfahrung lehrt mich, dass das weit mehr Menschen behaupten als können – bei vielen magisch Tätigen bedarf es zumindest eines Akts der willentlichen Anstrengung, um Energien zu sehen), und die Energielinien sind genauso schwer zu sehen wie etwa Auren.

Bei den Energielinien kommt hinzu, dass sie ihr Muster nur aus einer anderen Perspektive erschließen. Linien, die Gebäude oder Orte miteinander verbinden, die Kilometer weit auseinander liegen, sind nicht immer vom Standpunkt des Betrachters aus zu überblicken. Eigentlich müssten wir auf einen Turm klettern oder in einem Ballon nach oben steigen, um sie zu erkennen – aber auch dann sind sie wahrscheinlich heute in städtischen Gebieten unter Beton und Asphalt schwer zu beobachten.

Kürzlich hatte ich ein »Wahrnehmungsereignis« der ganz besonderen Art. Ich stand auf dem Bahnsteig. Es war noch kühl, der Winter hatte sich noch nicht verzogen. Daher trug ich einen langen Mantel und einen Regenschirm (einen schönen alten Schirm, dessen Spitze mit einem kleinen Metallaufsatz versehen ist). Und während ich so den Bahnsteig auf und ab schlenderte – immer in Erwartung einer einfahrenden Untergrundbahn –, fielen mir die Rillen im Boden auf.

Wer es überprüfen möchte: Am Bahnsteigrand befinden sich bei großen Bahnhöfen immer fünf oder sechs Linien, die – nicht sehr tief – parallel zur Bahnsteigkante in den Boden gefräst sind. Mein Regenschirm versank in der Rinne, und so ließ ich mich von ihr leiten – den Bahnsteig erst hinauf, dann den Bahnsteig wieder hinab.

Durch Herumschauen auf den nächsten Bahnhöfen, die ich im Rahmen dieser Reise noch besuchte, bestätigte sich mein Verdacht: Es sind Markierungen für Blinde, damit diese nicht aus Versehen auf die Gleise und damit vor einen Zug fallen. Sowohl eine Markierung à la: »Hier ist noch Bahnsteig, hier kann man also sinnvollerweise auf einen Zug warten«, als auch ein Hinweis: »Stopp! Hier kommt der nächste Intercity!«

So ist es wohl auch mit Energiebahnen. Die Hinweise sind da, wir übersehen sie nur, weil sie von anderen Informationen überlagert werden. Das Beispiel mit dem Blinden hinkt – doch hier ist es eindeutig, dass der, der einen Sinn weniger hat, ein Mehr an Informationen erhält. So ähnlich ist es mit den Energiebahnen auch. Wenn ich Dinge sehen will, die außerhalb meines normalen Erfahrungshorizontes liegen, dann muss ich etwas von dem ausblenden, was ich sonst wahrnehme.

Ich kann keine Patentlösungen anbieten, weil sich hier jeder einen eigenen Zugang sucht. Manche Menschen stopfen sich Wachs oder Watte in die Ohren, um in der Stille Zuflucht zu nehmen und zu schauen. Andere erreichen diesen Zustand durch laute Musik, die sie über Walkman und Kopfhörer hören. Mir ist mein Gehör auch in solchen Situationen wichtig, daher blende ich dann lieber einen Teil meiner Sehfähigkeiten aus und werde ein wenig farbenblind.

Leider sind unsere Städte zu hektisch, um probeweise mit geschlossenen Augen und kribbelnden Fingerspitzen einer Energiebahn zu folgen. Und das, was ich eben zu Energielinien geschrieben habe, ist eigentlich schon der zweite Schritt. Denn diese Energielinien verbinden Kraftorte, tragen Energie von einem Punkt zu einem anderen.

Was sind Kraftorte? Sehr inspirierend fand ich in diesem Zusammenhang Luisa Francia mit ihrem »Zaubergarn« (München 1989). Hier geht es nicht um riesige Felsmassive, die aus dem Boden hervorzubrechen scheinen, oder um mythische Inseln im nebelverhangenen Meer. Ihre Kraftorte sind bodenständig, wenn man das so sagen darf, ruhig und trotzdem kraftvoll.

Dein erster Schritt auf der Suche nach einem Kraftort ist, in den eigenen vier Wänden zu beginnen. Wo gibt es schöne Ecken in der eigenen Wohnung? Wenn es keine gibt: Kann ich eine solche Ecke schaffen? Gibt es in der Umgebung einen Ort, an dem ich mich wohl fühle und wo ich auftanken kann?

Besonders gut finde ich, dass Luisa Francia auch auf die Idee gekommen ist, dass große Anlagen von kleinen Dingen ablenken. Wenn ich ein toller Magier wäre, der sich immer wieder daran erinnern will, wo es das beste Kotelett mit Erbsen und Möhren und ein gut gezapftes Pils gibt, ich würde sicherlich auch einige hundert Schritte hinter der Kneipe riesige Felsen in den Himmel ragen lassen. Der Wirt hätte eine stetige Einnahmequelle durch die Touristen, die auf dem Weg zu »den Steinen« bei ihm hängen bleiben, und ich könnte mir sicher sein, dass der Laden nie Pleite macht. Außerdem fände ich ihn immer wieder, weil Steine als Wegzeichen hervorragend geeignet sind.

Die eigene Wohnung ist wirklich ein guter Ort, um mit der Suche nach Kraft anzufangen. Welche Zimmer sind stärker als andere? In welchen bewegt sich Energie, in welchen steht sie? Wie gern höre ich mir von meiner Leib-und-Magen-Sterndeuterin Vorträge über die Energie in Wohnungen an. Ich bin kein Experte auf diesem Gebiet, aber ich verstehe genug davon, um hinter Begriffen wie Geomantik oder Feng-Shui ein gemeinsames, verbindendes Element zu sehen. Energie bewegt sich überall, nicht nur an so genannten heiligen Orten. Energie gibt es auch in unserer Wohnung, am Arbeitsplatz, sogar am Bahnhof und in der Pizzeria um die Ecke. Wir müssen nur lernen, sie zu »erfühlen« und dann zu verändern.

Was kann ich tun, um die Energie in meiner Wohnung wieder zum Laufen zu bringen? Ich kann Möbel umstellen oder einen kleinen Brunnen installieren. Ich kann ein Windspiel aufhängen oder Spiegel aufhängen. Ich kann mir einen neuen Teppich kaufen oder mit einem Raumteiler die Energie »umverteilen«. Ich kann den Wind einlassen und mit dem Sonnenlicht spielen. Aber ich kann auch Schatten werfen und Stille schaffen – wie es mir beliebt. Und wie das Wasser um einen Felsen herum, so wird auch die Energie diesen Wegmarken folgen.

Erst wenn man gelernt hat, Energien im nächsten Umfeld zu beeinflussen, kann man darangehen, größere Energieströme zu beeinflussen. Man soll sich nicht gleich nach dem Himmel strecken, um dann enttäuscht zu sein, wenn die Sterne nicht sofort heller leuchten. Kleine Schritte sind auch sinnvoll und führen schneller zum Erfolg. Und nur, wer Erfolg hat, der ist willens, den Weg weiterzugehen.

Aufgabe Nr. 8 Die Umgebung als Karte

Im letzten Schritt ging es darum, eine Karte zu zeichnen, die irreale Orte aufzeichnet. Hier geht es nun darum, eine Karte der eigenen Welt zu zeichnen.

Wie gesagt: Kraftorte können auch in der eigenen Umgebung der Wohnung sein oder im nächsten Park, in einer alten Kirche oder in einem Buchladen, wo man sich gemütlich hinsetzen kann, um ein wenig auszuspannen.

Prinzipiell gilt: Orte, an denen wir uns gut fühlen, sind auch energetisch gut.

Zeichne einen Plan von deiner näheren Umgebung und/oder deiner Wohnung – tue, was dir richtig erscheint. Trage in diese Karte Orte ein, an denen es dir gut geht, und Orte, an denen es dir schlecht geht.

Gibt es ein Muster? Gibt es »schwache Stellen« und »starke Stellen«? Sind diese Punkte irgendwie miteinander verbunden?

Hier gibt es keine richtige und keine falsche Karte, weil diese Karte deine Karte sein wird. Aber sie ist gut, weil sie die Welt nicht nur nach Entfernungen erfasst, sondern auch nach Gefühlen. Denn die Gefühle sind es, die bei der Naturspiritualität oft der beste Wegweiser sind.

Das Fleisch der Erinnerung – unser Körper vergisst nichts (so schnell)

Mein Körper erinnert sich an alles, was in meinem Leben geschehen ist. In meinem Gesicht sieht man die Linien, welche die Jahre gegraben haben. Meine Nase ist gebrochen, weil ich als Kleinkind samt Großmutter und Kinderwagen umgekippt bin. Meine Haare werden grau, so wie die Haare meiner Mutter und meines Vaters grau geworden sind.

In meinem Ohr steckt ein Ring in einem Loch, das ich mir habe stechen lassen, um durch den Schmerz und die Erinnerung daran eine Frau zu vergessen, die ich geliebt habe. Sie war die erste Frau meines Lebens, die ich wirklich geliebt habe. Und ein Stift im Ohr ist eine gute Erinnerung an dieses Gefühl.

Meine Finger sind lang und schmal wie die Hände eines Mannes, der seit seinem zehnten Lebensjahr Schreibmaschine schreibt und schreibt und schreibt. Es gibt wenige Narben auf meinen Händen, weil ich mich handwerklich noch nie gern betätigt habe. Nur ein Schnitt ist in meiner linken Hand; ein Schnitt, der immer noch aussieht wie eine verblassende Mondsichel. Das ist die Stelle, an der Blut floss, als ich mit jemand anderem zusammen einen Eid schwor, der uns mit Blut aneinander band. Manchmal denke ich voller Freude daran, dass ein Tropfen meines Blutes noch in den Adern jener Frau kreist und sie immer wieder an mich erinnert. Mein Leben lang bindet mich der Strich an sie. Wir haben eine gemeinsame Narbe – sie auf meinem Körper und ich auf ihrem Körper.

Auf meinem Bauch ist die Narbe, die ich vom einzigen Bruch meines Lebens behalten habe. Mein Bein ziert ein roter Fleck. Dort hat meine Mutter während meiner Pubertät Gewebe entnehmen lassen, weil sie glaubte, meine braunen Hautflecken wären bösartige Verwachsungen. Sie waren es nicht. Dafür habe ich statt des braunen Flecks einen roten Kreis. Auch ein Tausch ...

Auf dem Oberschenkel ist eine kleine Narbe, die mich daran erinnert, dass ich vor vielen Jahren Beifahrer bei dem Versuch war, mit einem Auto Pizza abzuholen. Wir wurden – wie einige andere Fahrzeuge – von einem Auto gerammt, das von einem Betrunkenen gelenkt wurde. Nachdem ich sicher war, dass meine Fahrerin und ich am Leben geblieben waren, habe ich das Chaos an der Unfallstelle verlassen und bin zur Telefonzelle gegangen, um zu Hause mitzuteilen, dass die anderen die Pizza selbst holen müssten, weil sie sonst kalt werde. Mein Körper und mein Geist waren im Schock.

Meine Fuß- und Fingernägel speichern lange die Erinnerung. Es dauert Wochen oder Monate, bis ein weißer Fleck herausgewachsen ist.

Manchmal, wenn mich jemand berührt, erinnert sich mein Körper an Berührungen und Verführungen aus der Vergangenheit. Es gibt Lippen, die erinnern mich an Küsse, die ich vor vielen Jahren erhielt. Kleine Kinder, die ich im Arm halte, erinnern mich immer daran, wie sich meine kleine Schwester anfühlte, als ich sie das erste Mal im Arm halten durfte.

Nicht nur mein Gehirn erinnert sich, auch mein Körper speichert jede Erinnerung. Jahre habe ich gebraucht, um zu begreifen, dass es in Ordnung ist, wenn man Menschen berührt. Wenn ich Kratzer im Gesicht oder blaue Flecken auf dem Arm habe, dann heißt das doch nur, dass ich nicht »weich gespült« durch die Welt gehe. Ich berühre Wände, rempele gegen Geländer, trage Kisten, die mich kratzen, stoppe mal Schlägereien, indem ich mich dazwischenwerfe, oder quetsche mir die Hand bei dem Versuch, einen Schrank herumzuwuchten. Ich lebe, daher verändert sich mein Körper ebenso, wie ich mich verändere.

Ich möchte nicht missverstanden werden. Ich empfinde Schmerzen keinesfalls als angenehm oder erstrebenswert. Freiwillig lasse ich mir von niemandem wehtun. Jemand, der mich beißen oder kratzen darf, jemand der sich mit mir herumbalgt oder mit mir rangelt, der darf sicher sein, dass ich ihn sehr, sehr, sehr gern habe.

Genauso, wie niemand in die Tiefen meines Geistes eindringen darf, um dort seine Spuren zu hinterlassen, wenn ich ihn nicht zumindest sehr mag, lasse ich auch niemanden an meinen Körper heran. Aber die Spuren, die mein Körper trägt, die trägt er zumeist, weil ich es wollte oder zugelassen habe. Und bei meinem Geist ist das ebenso.

Natürlich gibt es auch Narben, auf die ich hätte verzichten können, Schmerzen, die ich keinesfalls ausleiden wollte, und Verletzungen meiner Seele, die ich heute noch spüre und nie gewollt habe. Aber auch sie sind Teil meines Lebens, Teil meiner Erinnerung, Teil meiner Persönlichkeit.

Geist und Körper sind nicht getrennt, sondern eins.

Manchmal träume ich von einer Insel in der Südsee, auf der alle Menschen den ganzen Tag fast nackt herumlaufen. An jedem Geburtstag nimmt die ganze Familie samt den engen Freunden Aufstellung um das Geburtstagskind. Dann holen sie Körperfarben, die sie vorher aus geheimen Zutaten gemischt haben, aus ihren Beuteln und bemalen das Kind. In den ersten zwei Jahren die Füße, dann bis zum sechsten Jahr die Knie; bis zum zehnten Geburtstag sind dann auch die Oberschenkel bemalt. Es folgen der Bauch, die Brust, die Schultern. Dann ist man schon ungefähr 42 Jahre alt. Danach kommt erst der linke Arm, dann der rechte Arm. Bis Hals und Gesicht dran sind, hat man schon ein Alter von über 60 erreicht. Wirklich alten Menschen werden am Ende die Ränder der Ohren bemalt. Dann hört die Bemalerei auf.

Jedes Jahr dürfen jeder Freund und jeder Verwandte einen Farbklecks auf dem Körper auftragen. Gelb steht für Ärger, lila für Neid, rot für Liebe, grün für Freundschaft, schwarz für Hass und so weiter. Im Lauf der Jahre kann jeder Mensch schon am Tag seines Geburtstags durch einen einfachen Blick in das spiegelnde Wasser erkennen, was seine Umgebung im Moment über ihn denkt.

Viele haben es geschafft, eine schlecht bemalte Vergangenheit zu überleben, und sind in reifen Jahren Menschen mit rot gefärbten Armen und grünen Flecken auf den Händen. Andere erhalten immer schwarze und gelbe Punkte, sodass sie auch bald keine Freunde mehr finden und sich entweder ändern oder allein sterben.

Abgesehen von dem schönen Aussehen, hat dieses Bild einen Vorteil: Wäre ich Bürger dort, müsste ich nie weder hören, dass die Vergangenheit eines Menschen doch unwichtig ist. Denn dort wäre jeder Mensch mit seinen Farben das Ergebnis der Farben der Vorjahre und der Erfahrungen, die er daraus gezogen hat.

Mein Gegenüber möchte im Gespräch eine bestimmte, unter Umständen nicht einmal neugierige Frage nicht beantworten, weil dieser Teil seiner Vergangenheit ihm nicht recht ist. Das ist Unsinn! Wir sind Sklaven der Vergangenheit, Opfer der Zeit. Der Mensch, den ich jetzt sympathisch finde, ist doch die Summe seiner Erfahrungen. Wenn ich mich ihm nähere, erfahre ich etwas über ihn und kann erklären, woher bestimmte Dinge kommen. Und Verständnis ist eine der wichtigsten Grundlagen für eine Freundschaft.

Aufgabe Nr. 9 — Der Körper als Gedächtnis

Wie sieht dein Körper aus? Welche Spuren hat das Leben an ihm hinterlassen? Gefällt dir dein Körper? Gefällt dir, was mit ihm geschehen ist?

Nimm dir ein paar Tage Zeit – du wirst sie für diese Aufgabe brauchen.

Als Erstes möchte ich dich bitten, eine Skizze deines Körpers zu zeichnen. Sie muss nicht gut oder anatomisch korrekt sein. Sie muss einfach nur deinen Körper zeigen. Wenn du überhaupt nicht zeichnen kannst, besorge dir einen Körperumriss aus einem Anatomie- oder Biologiebuch und zeichne ihn ab (Vorder- und Rückseite bitte).

Markiere die Narben und Veränderungen an deinem Körper, die dir das Leben beigefügt hat. Wenn du deinen Körper nicht gut genug kennst, dann nimm dir ruhig die Zeit, dich nackt vor einem Spiegel zu betrachten (oder bitte einen Menschen, den du liebst, deinen Körper zu betrachten und zu beschreiben, was er/sie sieht).

Woher kommen diese Markierungen auf deinem Körper? Hast du Tätowierungen, Narben, Piercings – und woher kommen sie? Wofür stehen sie?

Gibt es Schmuck, den du nie ablegst? Ist er ein Teil deines Körpers geworden? Hast du »Ersatzteile«, die deinem Körper beigefügt wurden (von Zahnplomben bis zum Herzschrittmacher)? Wie stehst du zu ihnen? Hast du deinen Körper mit ihnen als Ganzes akzeptiert?

Was kann dein Körper gut? Was kann dein Körper schlecht? Was möchtest du verbessern (Ausdauer, Gewicht, gibt es Dinge, die du verändert hast/verändern möchtest)? Was musst du tun, um deinen Körper ganz zu lieben (oder tust du es schon)?

Lass dir Zeit. Dein Körper verändert sich langsam, er ist nicht mehr derselbe wie mit 7 oder 97 Jahren (falls du jünger als 97 bist: Er wird mit 97 anders sein als jetzt). Lass dir bitte Zeit mit den Antworten. Dein Körper wird sich melden, wenn er das Gefühl hat, dass du ein Gefühl für ihn entwickelst. Ehrlich.

Wenn du dich mit Naturspiritualität beschäftigst, dann ist der erste Schritt zur Natur jenes Stück Natur, das dir am nächsten ist: dein Körper. Wenn du ihn nicht kennst und schätzen oder gar lieben lernst, dann wirst du die Natur nicht schätzen oder lieben lernen.

Akzeptiere dich in deiner Menschlichkeit, Sterblichkeit und Unvollkommenheit. Keine Angst: Die Natur ist genauso wie du – menschlich, sterblich und unvollkommen.

In der Naturspiritualität fehlt eine gemeinsame Sprache. Leider findet dieses Problem nicht nur auf der offensichtlichen Ebene statt, sondern es gibt zwei weitere, etwas kompliziertere Ebenen dieses Problems.

Ebene Nummer eins meines Problems ist einfach. Wir sprechen alle unsere Muttersprachen. Menschen aus Großbritannien sprechen Englisch, Deutsche sprechen Deutsch, Menschen aus den USA (meist) Englisch, Franzosen Französisch und so weiter. Durch die Schule und unsere ethnischen Hintergründe geprägt, kann es sein, dass der Brite noch Walisisch spricht, der Deutsche noch Englisch, der Amerikaner spricht vielleicht noch Spanisch bzw. Mexikanisch.

Gerade in Deutschland ist die Kultur sehr durch die USA geprägt – unsere Musik, unsere Esskultur, unsere Literatur usw. Es gibt eine Dominanz des Englischen (eigentlich: Amerikanischen), die manchmal schon unangenehm ist, und daraus resultierend eine Blindheit für andere Sprachen.

Wer lernt heute schon Chinesisch oder Japanisch? Wer kann eine Sprache Afrikas, und sei es »nur« Arabisch? Wer spricht Spanisch? Wenn jemand der Idee verhaftet ist, dass es für eine Menschheit eine gemeinsame Sprache geben müsste, wendet er sich vielleicht einer Kunstsprache wie Volapük oder Esperanto zu. Man darf sich darüber streiten, ob das Aufkommen von Kunstsprachen wie Klingonisch nicht auch ein ähnliches Bedürfnis erfüllt wie Esperanto – die Erzeugung einer Weltsprache, die von allen verstanden wird. Das Klingonisch ist dafür gänzlich ungeeignet, weil es durch seinen von »Star Trek« geprägten Hintergrund und sein Verhaftetsein in der Kultur der USA wiederum eine begrenzte Sprache (und sei es auch Englisch) mit einer neuen Sprache verknüpft. Ideologisch ist mir der Ansatz einer Kunstsprache wie Esperanto lieber.

Wir lernen zu wenige Sprachen. Die Naturspiritualität ist eine Bewegung, die den westeuropäischen Kulturkreis längst überschritten hat. Wir beschäftigen uns mit indianischen Mythen, sibirischen Schamanen, afrikanischen Masken, der Heilkraft der Zigeuner und den Mythen der Waliser. Aber können wir mit diesen Menschen auch sprechen? In den seltensten Fällen. Wir sind auf Übersetzungen und Berichte angewiesen. Wir können Erfahrungen nicht direkt austauschen, sondern wir müssen immer einen »Informationen-Zwischenhändler« in Form einer Übersetzung/eines Übersetzers benutzen, der sich zwischen die ursächliche Erfahrung und uns schaltet.

Ich bin kein Freund des Lebens nach Fremderfahrungen. Wenn Gott sich jedem Menschen offenbaren kann, dann offenbart er sich auch jedem Menschen direkt und ohne Umwege. Wenn ich Gott (oder eine Gottheit, ein höheres Wesen) erfahren will, brauche ich keine Anleitung. Ich finde alle Teile, die ich brauche, in und an mir. Die Gottheit lässt sich nicht durch Sprachen begrenzen.

Wir Menschen entwerfen immer idealisierte Bilder der perfekten Kommunikation. Unser Traum von der Telepathie, der gedanklichen, sofortigen Verständigung zwischen Menschen, ist unerfüllt. Die Idee von Babelfisch oder Translator – man spricht in seiner Sprache und wird in einer anderen Sprache sofort und fehlerfrei verstanden – ist in der Sciencefiction-Literatur fest verwurzelt, doch in der echten Welt unrealisiert.

Die letzte Möglichkeit, welche die Religion für dieses Problem zu bieten hat, ist das Reden in Zungen. Ich kann dann zwar nur in einer fremden Sprache sprechen und verstehe die Antwort nicht, aber es ist immerhin ein Anfang – und ich darf darauf hoffen, dass das gleiche Phänomen bei meinem Gesprächspartner auftritt, damit ich verstehe, was sie oder er zu sagen hat.

Interessant ist in diesem Zusammenhang, dass in vielen Sprachen dasselbe Wort »Zunge« und »Sprache« bedeutet – ich denke an das lateinische »Lingua« und das englische »Tongue«. Nur das Deutsche hat damit seine großen Schwierigkeiten.

Hätte ich ein zweites Leben, begänne ich früh damit, eine weitere lebende Sprache zu lernen. Ich habe in der Schule Englisch gelernt. Als es dann um die Entscheidung zwischen Französisch und Latein ging, wurde mir vorgeschlagen, Latein zu erlernen, da sei die Aussprache nämlich viel einfacher. Nun bin ich mit Latein geschlagen, was mich zwar durch ein Studium als »lebende Fremdsprache« begleitet hat, im tatsächlichen Einsatz aber so hilfreich ist wie die Kenntnis des Westgotischen.

Die Moral von der Geschichte: Lerne eine Sprache, wenn du es noch kannst. Pflege die Sprachen, die du erlernt hast. Verbessere deine Muttersprache, so dass sie in Wort und Schrift schön ist. Lerne Vokabeln, um dein Wortgedächtnis zu erweitern. Lerne Fachwörter, beispielsweise aus für deine Spiritualität interessanten Bereichen wie Schifffahrt, Musik, Handwerk oder Reiterei. Lies Gedichte und lies sie anderen vor. Rezitiere Märchen und lerne singen, um deine Stimme zu trainieren (es gibt keinen schlechten Gesang – nur wirst du vielleicht weniger Zuhörer haben als andere Menschen ...). Sei nicht damit zufrieden, in einem Restaurant in einer anderen Sprache bestellen zu können. Lerne Vokabeln, lies Literatur, höre Musik.

Die zweite Ebene ist komplizierter. Deswegen ist sie auch einfacher zu erklären. Selbst wenn Menschen aus demselben Land kommen und dieselbe Muttersprache sprechen – meinen sie auch dasselbe?

Wir hatten in den letzten hundert Jahren keine gemeinsame Kultur, die uns im Rahmen der Naturspiritualität verbinden könnte. Wir vermeiden gewisse Wörter wie Landminen (wer mir nicht glaubt, kann in seine Unterhaltungen mit Arbeitskollegen ja mal einen kurzen Exkurs über den Begriff des »Heils« bei den Germanen einbauen) und ziehen Teile unserer Begriffe aus Übersetzungen (meist aus dem Englischen).

Wir singen nicht, wir »chanten«. »Wir ziehen einen Kreis« als Übersetzung der entsprechenden Anweisung aus der Originalsprache. Wir »channeln« Energie. Man trifft sich zu »Events« an tollen »Locations«.

Mal ehrlich: Wer benutzt im normalen Leben solche Formulierungen? Wir sprechen nicht einmal dieselbe Sprache, wenn wir in dem Land sprechen, aus dem wir kommen und dessen Landessprache wir beherrschen. Und ich bin sicher nicht deutschtümelnd!

Also wäre es hier die Aufgabe, Bezeichnungen zu finden, die unserem Wortgefühl entspringen und nicht importiert sind. Wenn man nach reiflicher Überlegung trotzdem fremdsprachliche Ausdrücke sucht: einverstanden. Aber man sollte sich willentlich dafür entscheiden und nicht einfach Begriffe unüberlegt übernehmen.

Die dritte Ebene ist die Ebene der gemeinsamen Bilder. Die verbindende Formel- und Bildersprache des 19. Jahrhunderts war die gemeinsame Erziehung in den Mythen der Griechen und Römer. Diese humanistische Bildung (was man auch immer von ihr halten mag) ist im 20. Jahrhundert verschwunden. »Star Trek« – das ich eben schon für das Klingonische angeführt habe – liefert heute wahrscheinlich mehr gemeinsame Bilder für Menschen aus unterschiedlichen Kulturkreisen als die griechisch-römische Kultur. Dabei vergisst man, dass das griechisch-römische Sagengerüst lange Jahrhunderte lang wichtig war, um an den Götterbildern dieser Epoche andere Götterbegriffe erklären zu können. Die Griechen waren begabt darin, neu entdeckte Götterhimmel als Analogien zu ihren Göttern zu verstehen – und damit konnten sie über diese Kulturen reden und versuchen, sie zu verstehen.

Uns ist dieser Transfer unmöglich. Wir haben keine Bilder, auf die wir zurückgreifen können. Das mag in diesem Zusammenhang nicht wichtig erscheinen – ist es aber.

Wenn wir uns mit Naturspiritualität beschäftigen, dann kommen wir früher oder später an den Punkt, an dem wir Wesenheiten und Effekte benennen wollen. Doch dabei greifen wir gern auf Bilder zurück, die eigentlich nicht mehr kulturübergreifend vermittelbar sind. Was ist denn ein Dämon, ein Iffrit, eine Nixe, eine Dryade, ein Faun, ein Djinn, ein Minotaur, eine Naiade, eine Fruchtbarkeitsgöttin, ein Kriegsgott, eine magische Waffe oder ein Schutzzauber in einer anderen Sprache? Sind wir wirklich in der Lage, dies jemand zu erklären?

Wir sprechen vielleicht dieselbe Sprache, aber wir verwenden unterschiedliche Begriffe, um dieselben Dinge zu beschreiben.

Aufgabe Nr. 10 Das (Er-)Finden der eigenen Zunge

Erstelle eine Liste von zwölf Begriffen, die dir bei der Naturspiritualität wichtig sind. Wenn du kein klares, einfaches Wort dafür hast, keinen Namen – dann umschreibe sie.

Liste die zwölf Dinge untereinander auf und lasse die rechte Hälfte der Seite frei, um dort »Übersetzungen« zu notieren.

Suche ein Wort, das zu deinem Begriff passt, das gut auszusprechen ist und in dir eine Resonanz auslöst. Vielleicht ist es dasselbe Wort, das auch auf der linken Seite steht – gut. Aber ich denke, dass die Liste nicht ohne eine »Übersetzung« auskommt.

Überlege dir, was andere Menschen zu diesem Begriff sagen könnten. Denke darüber nach, ob dein Begriff vielleicht missverständlich ist. Entstammt der gewählte Begriff deiner Sprache, kannst du ihn in einen Satz einbauen, ohne dass dieser künstlich oder falsch wirkt (versuche mal, einen solchen Satz laut auszusprechen – klingt er richtig)?

Lass dich stören, wenn du gestört wirst, unterbrich, wenn du unterbrechen willst. Vielleicht findest du jemanden, den du nach den Begriffen fragen kannst oder danach, was er von bestimmten Dingen hält und wie er sie nennt. Spreche.

Die Werkzeuge

Eigentlich ist Naturspiritualität ein Ansatz, der davon ausgeht, dass der Mensch versuchen sollte, einen direkteren Kontakt zur Natur und zu seiner Spiritualität zu erhalten. Alle Dinge, die ihn davon trennen, stören.

Jetzt sind wir von vielen Sachen umgeben, die uns dabei stören, die Welt wahrzunehmen. Wir sind unter anderem einem konstanten Lärmpegel ausgesetzt, unsere Städte werden nachts beleuchtet, unsere Häuser künstlich geheizt und gekühlt, wir verbringen unsere Arbeit in Büros und fahren in engen Fahrzeugen.

Da ist es ziemlich widersinnig, wenn man zusätzliche Dinge einsetzt, um sich seiner Spiritualität zu nähern. Doch es ist so, dass uns Gegenstände helfen, unsere Gedanken und Gefühle, also das, was die Grundlage der Magie ausmacht, zu fokussieren. Wir können uns besser sammeln, wenn wir uns auf etwas konzentrieren.

Und natürlich gibt es viele Rituale, die einfach besser wirken, wenn man zur Visualisierung seiner Taten einen Gegenstand einsetzt. Ein Raum, den man magisch reinigen will, wird besser rein, wenn man dazu wohl riechenden Rauch verwendet. Er zieht durch die Räume, berührt alle Dinge und ist danach wieder spurlos verschwunden. Ein Messer, das benutzt wird, um damit einen Kreis in den Boden zu zeichnen, macht den Kreis eigentlich nicht sicherer – aber die Handlung, in der das Messer verwendet wird, sorgt dafür, dass der ganze Prozess sich mit mehr Energie auflädt.

Ich hoffe, das Konzept ist verständlich: Gegenstände stören eigentlich. Aber sie stören nur, wenn sie nicht gewollt sind. Ein Stuhl, der benutzt wird, um sich darin bequem hinzusetzen und sich zu konzentrieren, ist kein störender Gegenstand, er ist gewollt. Dasselbe gilt für das Messer und andere Gegenstände.

Die Zahl der Gegenstände, die in der Naturspiritualität angewendet und in der dazugehörigen Literatur empfohlen werden, ist Legion. Ich will keine Zwänge vorgeben, welcher Gegenstand aus welchem Material mit welchem Ritual für welche Verwendung vorgesehen werden sollte. Ich will ein paar Anregungen geben, die vielleicht bedenkenswert sind.

Prinzipiell gilt, dass man einen Gegenstand »zähmen« muss, bevor man ihn verwendet. Gehen wir einfach einmal davon aus, dass alle Gegenstände in ihrer Urform »wilde Gegenstände« sind. Sie gehören uns eventuell, sind aber von uns noch nicht darauf vorbereitet worden, uns auch zu dienen.

Gut ist es, wenn man sich mit diesem Gegenstand »vertraut« macht. Man sollte ihn einfach erst einmal reinigen, dann ein wenig damit herumspielen, ihn betasten und befühlen. Vielleicht kann man ihn auch eine Nacht mit ins Bett nehmen (oder unter das Bett legen), um ihm etwas von der eigenen Magie aufzudrängen. Erst, wenn er einem gefällt, wenn er gut in der Hand liegt und ein angenehmes Gefühl hinterlässt, dann ist er richtig.

Es gibt Gegenstände, die prinzipiell interessant für den sind, der sich mit Naturspiritualität beschäftigt. Ein paar Beispiele will ich geben.

Um sich zu sammeln und seinen Blick in andere Sphären zu richten, haben sich Spiegel oder Kristalle bewährt. Spiegel sind mystische Gegenstände, die unser Bild zurückwerfen, aber auch eine andere Ebene vorgaukeln, die hinter dem Glas liegt. So sind sie einfache Möglichkeiten, um sich auf einen Übertritt auf die magische Ebene vorzubereiten. Der Kristall bricht das Licht, fühlt sich gut an und scheint Energie speichern zu können. Er ist daher als Fokus hervorragend geeignet. Außerdem sind seine Facetten wie kleine Fenster in andere Welten, in die man versinken kann.

Viele Menschen benutzen Ringe oder Amulette, um sich in eine bestimmte Stimmung zu versetzen. Es ist gut, wenn man ein Ritual damit einleitet, dass man sich ein bestimmtes Amulett oder Ringe anzieht, die man nur für diese Beschäftigung benutzt. Es trennt den Umgang mit dem Ritual vom normalen Leben ab, gibt einem die Möglichkeit, sich auf das Kommende einzustimmen.

Auch eine Glocke oder ein Musikinstrument kann dazu dienen, sich in dieses Gefühl hineinzuversetzen.

Messer werden bei Ritualen gern benutzt – sowohl als Zeichen für Priesterinnen und Priester in heidnischen Religionen als auch als Requisit für das Zeichnen von Kreisen oder einfach als Zeichen dafür, dass man gewappnet und tapfer ist. Ein einfaches Taschen- oder Küchenmesser ist im feierlichen Rahmen ungeeignet, ich empfehle die Benutzung eines schönen Messers mit Holzgriff. Es muss nicht teuer sein – die Hauptsache ist, dass es gefällt.

Um ein paar Anregungen zu geben, möchte ich einige Gegenstände nennen, die den vier klassischen Elementen (Feuer, Wasser, Erde und Luft) zugeordnet werden können. Es ist keine sklavische Einteilung, die immer für jeden überall richtig ist – es ist mein Vorschlag, mehr nicht.

Feuer verbinden wir mit einer Flamme. Eine Schale für Glühkohle, vielleicht etwas Aromatisches zum Verbrennen, das sind gute Dinge, um sich auf Feuer einzustellen. Verwende bitte kein Feuerzeug, das ist nun wirklich unpassend – schöne, lange Streichhölzer haben denselben Effekt und sind eine einfache, schnelle Möglichkeit, um mit Feuer Kontakt aufzunehmen.

Wasser sollte in einem passenden Gefäß gelagert sein. Klassisch ist die metallene Schale, aber auch mit tönernen Gegenständen oder geschnitzten Schälchen habe ich gute Erfahrungen gemacht.

Die Erde verbinde ich mit Metall und allen Dingen, die aus dem Boden der Erde hervorgeholt werden müssen. Etwas Schweres aus Metall (oder Ton), wie eine schwere Schale oder ein schwerer Krug, gefüllt mit klarem Wasser ist hier eine gute Idee. Leitungswasser ist sauber, rein und trinkbar – und wesentlich stimmungsvoller als Wasser aus einer Mineralwasserflasche.

Die Luft ist als Element schwer darzustellen. Eine Feder, die man bei einem Spaziergang im Wald gefunden hat, ist deutlich besser zu gebrauchen als ein Fön ... Auch ein schöner Fächer ist gut geeignet, um Luft zu bewegen und sie im Ritual zu rufen.

Noch einmal: Auch wenn uns das immer vorgegaukelt wird, gibt es doch keine allgemein verbindlichen Regeln, wie ein Gegenstand auszusehen hat oder wie er geweiht sein muss. Er muss zu dir passen, und du musst mit ihm umgehen können.

Aufgabe Nr. 11 — Erbauliches Bauen

Nimm dir mindestens eine Woche Zeit und nähere dich fünf Gegenständen. Einer sollte allgemein verwendbar sein, so der genannte Spiegel oder ein schönes Messer. Ein Gegenstand sollte für jedes der vier Elemente stehen – Feuer, Wasser, Erde und Luft.

»Zähme« deinen Gegenstand so, wie ich es eben beschrieben habe. Lass dir Zeit – wenn es gut geht, dann werden dich diese Gegenstände den Rest deines Lebens begleiten, daher gib ihnen Gelegenheit, sich an dich zu gewöhnen.

Wenn du schon entsprechende Gegenstände hast, nimm dir auch die Zeit, sie zu zähmen.

Halte die Augen offen, während du über Gegenstände nachdenkst – ein Spaziergang durch den Wald, ein Bummel durch ein paar schöne Geschäfte oder ein Kramen in alten Kisten bringt oft mächtige Dinge zutage!

Gesten

In der Naturspiritualität kann man mit wenigen Gegenständen auskommen. Je besser man wird, desto weniger Gegenstände braucht man. Das ist wie eine »bell curve«, die glockenförmige Kurve aus der Mathematik – erst fängt man ohne Gegenstände an, dann nimmt man die ersten Gegenstände an sich, dann findet man mehr und mehr Gegenstände – bis man wieder beginnt, die Zahl der Gegenstände zu reduzieren.

Vincent Price sagt es richtig in dem Film »Der Rabe«: »Magie, nur mit den Händen!« Das ist das Ziel, auf das man sich zu bewegen sollte.

Das Ärgerliche ist nur, das man bei einem Menschen, der sich mit Magie beschäftigt und ohne Gegenstände arbeitet, nie weiß, ob er am Ende oder am Anfang seiner Entwicklung steht. Und wie beim guten Schwertkampf ist es auch bei guter Magie: Der beste Schwertkämpfer der Welt fürchtet nicht den zweitbesten, sondern den Anfänger, weil dieser Bewegungen macht, die der beste Schwertkämpfer nicht vorhersehen kann.

So ist es in der Naturspiritualität auch. Der Tölpel, der Dinge tut, die ein erfahrener Magier nicht tut, ist gefährlich, weil er eventuell Mächte anruft oder Dinge versucht, die dem erfahrenen Magier gefährlich werden könnten.

Gesten sind Dinge, die sich verselbständigen. Gedanken steuern Magie, aber Gedanken brauchen einen Fokus, um zu wirken. Es ist sinnlos, alle Gedanken sofort in Magie umzusetzen. Das wäre auch für die Umwelt mehr als gefährlich, wenn alles, was man sich vorstellt, sofort Gestalt annähme! Daher ist die Geste als Fokus wichtig, sie unterscheidet die unbewusste (magische) Handlung von der bewussten (magischen) Handlung.

Mag es nun ein Dolch sein oder ein Fingerschnippen – in beiden Fällen wird das Wirken der Magie an einen Auslöser gebunden, der wichtig ist, um die Magie zuzulassen. Wie Disneys fliegender Elefant Dumbo, der ohne seinen Talisman nicht fliegen konnte – nicht, weil er es nicht richtig konnte, sondern weil der Talisman ein Auslöser war, der ihm die Angst vor dem Fliegen nahm. So ist es auch mit der Magie.

Ein Dolch führt dazu, dass die Gedanken (das »Wollen«) gebündelt, eben fokussiert werden. Der Dolch ist zwar nur ein Dolch (eine Rose ist nur eine Rose), aber er ist in dem Moment, in dem er im Ritual verwendet wird, mehr als ein Dolch, nämlich ein Symbol für eine Handlung, die über den Dolch hinweg gewirkt wird.

Natürlich gibt es auch gute Magier, die sich mit Gegenständen behängen – um das Rätsel zu tarnen, ob sie Anfänger oder Meister sind. Daher gilt, dass man einen Magier nie anhand der Zahl der Gegenstände einschätzen kann, die er bei sich trägt oder anwendet. Wichtig ist, ob er auch ohne Gegenstände zaubern kann und wie gut die Zauber ohne Gegenstände werden. Leider findet man das nicht bei der ersten Begegnung heraus und muss Zeit und Energie investieren, um das Rätsel zu lüften. Aber Magie ist doch ein Rätsel, oder?

Aufgabe Nr. 12 Die eigene Geste

Es gibt Gesten, die wir Tag für Tag benutzen, ohne darüber nachzudenken. Das Winken zum Abschied ist eine Geste, der Handschlag zur Begrüßung, das Schulterzucken auch, ebenso das Zusammenziehen der Augenbrauen als Zeichen des Nachdenkens.

Gesten sind sehr hilfreich, um Dinge auf kurze Rituale zu reduzieren. Eine Geste zum Dank für das Essen, eine Geste, um Abschied zu nehmen, eine Geste, um sich zu sammeln.

Bitte nimm dir die Zeit für diese Aufgabe. Am Anfang ist es am einfachsten, mit einer Geste für die Hände zu beginnen. Im Gegensatz zur Mimik, die wir an uns selbst nur in einem Spiegel beobachten können, sind unsere Hände in unserem Blickfeld, wir können die Bewegungen beobachten.

Die Aufgabe ist jetzt, dir zwei Gesten zu überlegen. Eine, bevor du eine Handlung beginnst, die für dich mit der Naturspiritualität verbunden ist – egal, welche Handlung! Und eine zweite Geste, um diese Handlung zu beenden.

Die Hände geben uns viele Möglichkeiten des Ausdrucks. Eine gute Geste zur Eröffnung ist zum Beispiel eine Bewegung mit der drei Viertel nach oben offenen Hand (der Daumen ist rechts oben) von außen (rechts, wenn man Rechtshänder ist) nach links, etwa in Höhe des Bauchnabels, bis vor den Bauch. Eine einfache Geste zum Schließen ist das Durch-die-Luft-Streichen mit der rechten Hand (wenn man Rechtshänder ist) von innen nach außen, auf Bauchhöhe, die Handflächen nach unten.

Das sind Dinge, die mir helfen. Deine Geste kann völlig anders aussehen – ein Schnippen, ein Klatschen, ein Knacken der Fingergelenke, um sich vorzubereiten, ein Reiben der Hände, um sie warm zu machen und in Stimmung zu bringen.

Überlege, probiere aus, schreibe nieder, was dir auffällt. Und höre erst auf, wenn du zwei Gesten gefunden hast, die dir gefallen und die auch einer praktischen Erprobung widerstehen – das heißt, dass sie unproblematisch zu vollführen sind und dir ein gutes Gefühl geben, wenn sie vollzogen sind.

Was macht einen Menschen aus?

Ich denke öfter über die Natur des Menschen nach. Er ist doch ein eigenartiges Geschöpf. Nicht wegen seiner Einzigartigkeit, sondern wegen seiner Engstirnigkeit.

Wir sind das Produkt dieses Planeten, die so genannte Krone der Evolution – auch wenn man darüber sicherlich geteilter Meinung sein kann. Aber wir besitzen als einzige Wesen der Erde die Vernunft und damit die Fähigkeit der Sprache, die es möglich macht, miteinander zu kommunizieren. (Wir vergessen an dieser Stelle die Diskussion darüber, ob Wale, Delphine, Affen und Ringelblumen vielleicht doch miteinander kommunizieren können und daher auch intelligent sind!)

Diese Kommunikationsfähigkeit, gepaart mit unserer Intelligenz, sollte eigentlich dazu führen, dass wir im Lauf der Jahrhunderte Wissen auf Wissen türmen. Nichts geht verloren, da wir unsere Erkenntnisse aufzeichnen können. Bestimmte Grundüberlegungen über unser Dasein hätten wir also sicherlich irgendwie schon gemeinsam hinkriegen können. Unser Denken hätte zu Aufzeichnungen geführt, auf denen wir dann aufbauen könnten, sodass wir noch tiefer zu denken vermögen. Wir ständen in unseren Denkprozessen auf den Ergebnissen aller vor uns gekommenen Generationen. Leider ist dem nicht so.

Im Gegenteil verhält es sich so, dass nicht nur jede Epoche dazu verdammt scheint, die Fehler der vorangegangenen Zeit nachzuholen und in neue Varianten einzukleiden, nein – es scheint sogar so zu sein, dass jede Generation gezwungen ist, die Fehler jeder vorhergehenden Generation identisch zu wiederholen. Ähnlich dem Prozess, bei dem ein Embryo im Mutterleib die Evolutionsgeschichte durchlebt, scheint es einen zweiten Prozess zu geben, der uns in unserem Leben von der Stufe der Kulturlosigkeit bis zur Stufe der Kommunikationsbenutzung bringt. Dann sterben wir. Wenn das nicht ungerecht ist.

Doch gibt es eine Alternative? Wohl kaum. Denn wir scheinen dazu verdammt, Fehler zu wiederholen. Kinder sind nicht bereit, ihren Eltern (oder älteren Menschen überhaupt) zuzuhören, wenn diese erzählen, welche Dinge vermieden werden sollten. Man will seine eigenen Erfahrungen machen, und deswegen legt jede Generation erneut die Hand auf die Herdplatte und verbrennt sich. Schon deswegen, weil die Eltern doch auch die Hand auf ihre Herdplatte gelegt haben.

Jeder muss seine eigenen Erfahrungen machen, und jeder leidet dann dafür, dass es keiner Generation gelingt, diese Kette der Schmerz-Weitergabe zu unterbrechen.

Und die Älteren geben auch zu schnell auf. Verbittert darüber, dass ihnen niemand zuhören will, verlieren sie die Geduld und verzichten darauf, Informationen aus ihrem reichhaltigen Erfahrungsschatz weiterzugeben.

Bin ich die Ausnahme? Ich nähere mich Problemen dadurch, dass ich sie erst eine Weile betrachte, so, wie man eine Kristallkugel betrachtet. Ich wende das Problem, versuche von verschiedenen Seiten in es hineinzuschauen und den Inhalt des Problems unter verschiedenen Blickwinkeln zu sehen. Und wie bei der Kristallkugel ist es auch bei den Problemen so, dass man die äußere Form relativ schnell erkennt, aber lange Zeit braucht, um wirklich alle Effekte und Auswirkungen zu überschauen. Doch man muss einen Punkt finden, an dem man sich bereit findet, seine Beobachtungen auch einzusetzen.

Wer zeit seines Lebens in die Kugel schaut, der wird zwar immer weiser, aber er verliert den Kontakt zur Außenwelt und bleibt nur in sich weise, nicht in den menschlichen Zusammenhängen.

Wer zu früh damit aufhört, interessiert in die Kugel zu schauen, der wird zwar erkannt haben, was er mit der Kugel hätte machen können, aber er wird daraus keine Konsequenzen ziehen.

Nur derjenige, der fähig ist zu erkennen, wann er genug Wissen gesammelt hat, und dann in der Lage ist, dieses Wissen auch anzuwenden, wird ein echter Meister seiner Probleme und der Herr seines Schicksals.

Ich habe viel über das Wesen des Menschen nachgedacht. Was habe ich herausgefunden? Eine Menge. Doch nur drei Dinge stehen mir als markant in der Erinnerung.

Die erste Erkenntnis ist die, dass der einzige akzeptable Begriff für die Abgrenzung von Menschen gegenüber Nicht-Menschen (oder Nicht-Menschlichem) derjenige ist, der einen gemeinsamen Faktor für alle Menschen benennt und somit keinen einzigen Menschen ausschließt.

Die zweite Erkenntnis ist das Ergebnis einer Reihe von Überlegungen zum Thema Geschlechter. Eigentlich ist Geschlecht ein Begriff, der nur im Zusammenhang mit der Fortpflanzung sinnvoll ist. Es gibt zwei Geschlechter, weil der unterscheidende Begriff der ist, dass man zwei »Klassen« Menschen braucht, um einen dritten Menschen zu produzieren. Es gibt keine klare Definitionsgrenze, die biologisch/funktional oder vom Aussehen her zwischen Geschlechtern unterscheiden kann. Natürlich gibt es ein Unterscheidungsmerkmal – das Y- bzw. X-Chromosom. Aber ein Test, der mehr als meine eigenen Fähigkeiten involviert, kann für mich nicht nachvollziehbar sein. Die Konsequenz fällt mir einfach: Es gibt keine Geschlechter. Und dann erlöschen auch einige andere Denkstrukturen in meinem Hirn.

Die dritte Erkenntnis bezieht sich auf die Gottheit. Wenn man an eine Gottheit (oder Gottheiten) glaubt – und ich tue es, wenn auch eher im verständlicheren Sinne von »göttlichem Wesen« –, dann muss man sich die Frage stellen, wie die Gottheit sich unser Verständnis oder Verstehen seiner/ihrer Person vorgestellt hat. Hier kommt meine nächste Vorerwartung ins Spiel – ich gehe von einer gütigen Gottheit aus, wenn ich mich auch – maximal – auf das Bild eines gütigen, aber partiell uninteressierten Gottes einlassen würde. (Dies tue ich aber nur, um eventuellen Diskussionen vorzubeugen. Es ist ein Kunstgriff, der mich vor dummen Fragen retten soll. »Wie kann Gott noch nach Auschwitz möglich sein?«, ist eine oft gestellte Frage, die aber mit Glauben nichts zu tun hat. »Wie konnte Gott vor Auschwitz möglich sein?«, ist genauso scholastisch und sicherlich interessant zu diskutieren. Die äußerste Grenze meines Gottesbildes ist für mich das Bild von »Gott hat sich verlaufen«, mehr bin ich nicht zu akzeptieren bereit. Mit dem Atheismus habe ich meine Schwierigkeiten, weil ich ihn für die falsche Denkrichtung halte, aber das gehört nicht hierher.)

Wenn die Gottheit will, dass wir uns ihm/ihr nähern – für mich das Ziel der Existenz –, und wenn diese Gottheit alle Geschöpfe gleich erschaffen hat, dann muss es eine Qualität geben, die es allen Wesen gleichermaßen erlaubt, sich ihm/ihr zu nähern. Und diese Qualität muss für Menschen über ihren Verstand und ihre Wahrnehmung definierbar sein, denn wir besitzen Verstand und Vernunft als einziges unter den Tieren. Und diese Vernunft darf kein rein rationales Medium sein, sondern sie muss einen Grund haben. Für mich ist dieser Grund in der Erleichterung der Annäherung an die Gottheit zu sehen. Sonst wäre die Gabe der Vernunft sinnlos. Diese Vernunft setze ich also ein, um zu versuchen, den Plan der Gottheit zu erkennen.

Also: Wenn die Gottheit allen Wesen etwas mitgegeben hat, was sie benutzen können, um sich ihm/ihr zu nähern, dann müssen alle Wesen gleichen Zugang dazu haben. Und der einzige Zugang, den wir alle besitzen, ist die Erkenntnis unseres Selbst. (Ich gehe sehr wohl davon aus, dass Tiere Selbsterkenntnis besitzen. Schmerz und Lust sind auch Formen von Selbsterkenntnis, nicht nur das Denken, welches wir arg überheblich sehr hoch einstufen.) Wer sich selbst nicht mehr wahrnimmt, der lebt nicht mehr.

Ich spiele meine weiteren Begründungen jetzt nicht an der gesamten Schöpfung, sondern nur am Menschen, durch. Dies liegt einfach daran, dass dieses Bild den meisten Menschen einfacher begreiflich zu machen ist als Bilder aus der Tierwelt.

Alle anderen Erkenntnisformen der Gottheit durch unsere Sinne haben Ausnahmen. Für das Sehen der Schöpfung gibt es die Blinden, für das Hören der Wunder der Erde die Tauben als Gegenargument. Schriftliche Grundlagen als von einem Gott gegebene Texte können es nicht sein, solange es Menschen gibt, die das Buch und die Fähigkeit zu lesen sowie sehende Augen nicht automatisch bei der Geburt erhalten.

Es dürfen auch keine bestimmten Orte sein, weil nicht alle Menschen sie erreichen können. Es muss etwas sein, was jeder Mensch erreichen kann. Und dies ist – wenn man eine Bedingung formulieren will, die alle Menschen einschließen soll – nur eine Sache: das Selbst.

Und was ist dieses »Selbst«, über das man zur Gottheit gelangen bzw. einen Schritt zur Gott-Erkenntnis hin machen kann? Die eigene Existenz, genauer: die Erkenntnis der eigenen Existenz und daraus resultierend die Erkenntnis über die Wunderbarkeit der Schöpfung. Der Gedanke »ich denke, also bin ich« impliziert auch automatisch die Erkenntnis, dass man ist. Und man ist, weil man irgendwoher kommt. Und dieses Irgendwoher kann – so viel man auch darüber nachdenkt und so viel man auch an Erklärungen und Erklärungsmöglichkeiten darüber besitzt – in letzter Konsequenz als »letzten Wirker« nur die Gottheit haben.

Wir sind, weil die Gottheit uns geschaffen hat oder weil irgendein Gott die Erde geschaffen hat oder weil die Gottheit das Universum geschaffen hat. Egal. An irgendeinem Punkt der Kette »Schöpfung des Universums – meine Geburt« setzt die Gottheit als handelndes (tuendes) Subjekt ein. Ich kann die Gottheit erkennen, weil ich bin.

Und das ist es wohl, was immer gemeint ist, wenn man vom »Lebensfunken«, vom »göttlichen Samen« oder der »Seele« in uns spricht. Wir sind Teil der Schöpfung und daher Teil der Gottheit. Und die Schöpfung ist der Plan der Gottheit, und daher sind wir alle Teil des göttlichen Plans.

Im Nachdenken darüber, im Bewusstwerden darüber, gelangen wir zu der Erkenntnis eines schöpfenden, schöpferischen Gotteswesens, der/die uns gemacht hat. Und wenn wir das erkannt und verinnerlicht haben, können wir nie wieder von der Gottheit getrennt existieren. Denn sie ist in uns.

Gott suchen

Aufgabe Nr. 13

»Die Gottheit zu suchen heißt, ihre Allgegenwart zu leugnen.« Dieser Satz ist ausgesprochen richtig. Wenn die Gottheit gefunden werden muss, dann heißt es, dass sie sich verbirgt. Warum sollte sie das tun? Ich sehe dafür keinen Grund. Die Gottheit will doch, dass wir zu ihr Kontakt aufnehmen und sie erkennen, denn immerhin sind wir dafür geschaffen worden.

Es ist jetzt deine Aufgabe, dir einen Ort oder Weg zu überlegen, an dem du die Nähe der Gottheit spüren kannst. Es gibt hier keine »richtige« oder »falsche« Antwort. Jeder Mensch kann einen anderen Zugang zur Gottheit finden. Das ist richtig so. Gemeinsame, verbindliche Antworten führen nur dazu, dass diejenigen, die einen gemeinsamen Weg gehen, diejenigen ausgrenzen, die einen anderen Weg gehen möchten.

Nimm dir Zeit an diesem Ort oder auf diesem Weg – mindestens ein paar Stunden. Lass Ruhe auf dich wirken und gib der Zeit und der Gottheit Gelegenheit, die Stille zu nutzen, um sich dir zu zeigen.

Vertraue mir. Die Gottheit ist da. Wir nehmen sie nur oft nicht wahr, weil es um uns herum so laut ist und wir keine Muße haben, zu hören.

Der erste Eindruck

Vorurteile kann nur der abbauen, der sie als solche erkennt, daher seine Einschätzungen vom Unbewussten ins Bewusste holt und reflektiert. Ich versuche auch, dies in meinem Leben umzusetzen.

Der Auslöser, der mich zum Nachdenken brachte, war ein englisches Partyspiel des edwardianischen Zeitalters. Damals wurden Männer bei Trinkpartys aufgefordert zu beweisen, dass sie wirklich Männer seien – was letztlich ohne Ausziehen nicht beweisbar scheint. Der Trick ist aber, dass man kalt lächelnd auf seinen Adamsapfel verweist – der völlig ausreicht, um als Mann identifiziert zu werden. Das ließ mich darüber nachdenken, wie ich andere Menschen sehe, beurteile und einschätze.

Was beobachte ich bei einem Menschen?

Seine Haare – sind sie echt, gefärbt, künstlich gewellt oder gelockt? Wie ist die Haut – im Solarium gebräunt oder durch Arbeit im Freien wie Leder geworden? Der Hals kann viel über das Alter sagen, weil er nicht geliftet wird. Die Hände sind auch lehrreich. Sind sie voller Schrammen und Schrullen oder glatt wie die eines Babys? Sind die Monde der Nägel zu sehen, sind die Nägel abgekaut, aufgeklebt oder gefeilt? Trägt mein Gegenüber Ringe oder Schmuck an den Händen?

Wie sehen die Füße aus? Sind die kleinen Zehen verstümmelt, weil man sie zu oft in kleine Schuhe gezwängt hat?

Wie sehen die Zähne aus – gerade oder schief, künstlich oder echt, glänzt einem Gold entgegen, oder verschalt hier jemand mit Porzellan?

Wie sehen die Augen aus? Wie stehen sie im Gesicht? Wie sind die Wimpern, wie die Brauen?

Wie sieht das ganze Gesicht aus? Wie die Ohren? (Sie hören nie zu wachsen auf, daher haben alte Menschen so große Ohren.)

Wie ist das Kinn – energisch oder eher weich, hat es ein Grübchen oder vereinzelte Haare?

Ist das Gesicht geschminkt? Ist es gepierct, tätowiert, vernarbt?

Wie sieht der ganze Körper aus? Stimmen die Proportionen? Bewegt sich der Mensch schön und geschmeidig, so wie ein Tiger? Ist die Kleidung in sich und zum Typ passend?

Wie ist die Stimme – rauchig lasziv oder eher schrill und unangenehm?

Wie riecht der Mensch – nach Parfüm oder natürlich, nach billiger Chemie oder teuren Flakons?

Was fühle ich in seiner Nähe? Stellen sich meine Nackenhaare auf, oder bin ich entspannt und zufrieden, wenn ich ihn sehe?

Welche Spuren hat das Leben im Gesicht hinterlassen, an den Händen, an den Beinen, den Armen, dem Körper? Gibt es Narben oder Ähnliches (Brandspuren, Narben, Nähte)? Gibt es Male, Zeichen, Markierungen?

Ist der Mensch in sich schlüssig? Passt er zusammen?

Welche Uhr trägt er? Wie ist seine Aussprache? Hat er einen Dialekt, einen Sprachfehler?

Trägt seine Kleidung Aufschriften, Symbole, Slogans? Welche Marken trägt er?

Passt alles zusammen?

Ist er mir sympathisch?

Wenn ich so weit bin, habe ich das Vorurteil hoffentlich durchbrochen. Die meisten Menschen kommen nicht einmal so weit, dass sie Augen, Nase, Hände nutzen, um etwas zu erfahren. Sie überspringen die »einfachen Sinne« und beginnen mit der hohen Schule der Magie. Aber ein Haus ohne Fundament sackt ab.

Neben den rein körperlichen Merkmalen gibt es natürlich weitere, eher persönliche Merkmale, die ich interessant finde, wenn ich Menschen betrachte.

Ich habe (zum Glück) ein sehr gutes Gedächtnis für Gesichter, sodass ich mich an Menschen lange erinnere. Die Frage ist oft nur, woher ich mein Gegenüber eigentlich kenne? Im Zweifelsfall gilt: »Immer grüßen!« Wenn mir jemand bekannt vorkommt, dann nicke ich ihm freundlich zu. Ob wir uns dann wirklich kennen, kann man ja später klären. (Wobei meine Trefferquote über 99 % liegt, also bin ich ganz zufrieden mit mir. Und im allerschlimmsten Fall kann man immer noch behaupten, dass das Gegenüber jemand ganz arg ähnlich sieht, den man von früher kennt ...)

Was interessiert mich noch an Menschen? Eigentlich alles. Ihr Beruf, ihre Ausbildung, ihre Hobbys, ihre Angewohnheiten, Ticks und Muster. Ihre Familie, ihre Abstammung, ihre Erziehung, ihre Ansichten zu Politik, Religion und Familie.

Einen Einwand, fast schon eine Warnung, muss ich anfügen: Nur, wer über sich selbst etwas gibt, wird von anderen Menschen etwas erfahren. Das reine »Einsaugen« von Informationen wird von Menschen mit Ablehnung quittiert. Das kann ich völlig verstehen, mir geht es – wenn es mir umgekehrt passiert – genauso.

Wie wollen wir andere Menschen finden, die sich mit Naturspiritualität beschäftigen, wenn wir nicht bereit sind, diese erste Stufe des Vertrauens zu liefern und selbst über das zu sprechen, was uns bewegt? Reden ist der Schlüssel zur Kommunikation, Reden ist die einzige Chance, Vertrauen auf- und Missverständnisse abzubauen.

Naturspiritualität umfasst alle Bereiche des Lebens. Es ist sicherlich unwahrscheinlicher, dass ein Manager-Typ mit Krawatte und Aktentasche sich mit diesem Thema beschäftigt – aber es von vorneherein auszuschließen, halte ich für einen Fehler.

Sich einen eigenen Eindruck verschaffen

Aufgabe Nr. 14

Es würde mich wundern, wenn du nicht neugierig bist. Sich mit dem Thema Naturspiritualität zu beschäftigen, das setzt schon eine grundsätzliche Neugier voraus.

Bitte überlege dir einen Menschen, der dir nicht allzu nahe steht, der aber auch nicht nur völlig am Rande deines Lebens auftaucht. Also nicht deinen Partner/deine Partnerin, aber auch nicht den Postboten/die Postbotin. Nimm jemand, der dich neugierig macht.

So, jetzt überlege, was dich interessiert. Schreibe auf, was du über ihn/sie weißt – Neugier ist eine positive Eigenschaft!

Überlege dir Dinge, die du an ihm/ihr beobachten willst. Investiere einen ersten und einen zweiten Blick. Nimm dir vielleicht meine Anregungen vor und gehe die Punkte der Reihe nach durch. Dir fallen sicherlich noch weitere Fragen ein.

Sei neugierig! Frage andere Menschen nach ihren Beobachtungen über diese Person, hole Informationen ein oder denke einfach darüber nach, wie dieser Mensch im Leben steht und was ihn motiviert, das zu tun, was er tut.

Neugier weckt unsere Erkenntnis dafür, dass jeder Mensch in sich ein eigener Kosmos ist, mit eigenen Motivationen, Wünschen und Träumen. Jeder Mensch ist eine Schöpfung der Gottheit und zu irgendetwas gut – und sei es nur als schlechtes Beispiel.

Es ist nicht schlimm, wenn du feststellst, dass dein Interesse an dieser Person erlischt, wenn du einige Fragen beantwortet hast. Wichtig ist nur, dass du lernst, mit kindlicher Neugier an das Leben heranzugehen und Fragen zu stellen. Denn nur, wer fragt, wird Antworten erhalten.

Unsterblichkeit

Beim Nachdenken über Menschlichkeit, Magie, große Magier und magische Fähigkeiten gelangt man stets an den Punkt, an dem man sich mit der Frage nach Langlebigkeit oder gar Unsterblichkeit beschäftigen muss. Ein langer Bogen magischer Figuren zieht sich unsterblich durch die Jahrhunderte. Unsterblich gemacht durch Salben oder Trünke, durch den »Stein der Weisen« konserviert oder einfach durch eine willentliche Einstellung des Alterns – Magier scheinen eine besondere Affinität zum »ewigen Leben« (und der Suche danach) entwickelt zu haben.

Natürlich ist es auch ein weiterer Beweis für ihre Macht und ihre Fähigkeiten. Wer den Tod besiegt, der besiegt den größten Feind des Menschen. Aber ist das sinnvoll?

Schon für Menschen, die älter werden als 90 Jahre, ist es schwierig, weiter in ihren Lebenszusammenhängen zu bleiben. Die Welt, die sie kennen, ist verschwunden; die Menschen, mit denen sie vertraut waren, sind zum großen Teil verstorben. Unsterblichkeit, das ist doch der Abschied von allen Menschen, die man liebt.

Wer unsterblich ist, wird einsam. Einsam, weil die Menschen sterben, die man kennen und schätzen gelernt hat. Aber auch einsam, weil die Dinge, die uns in der Welt heimisch machen, untergehen. Ein heute 300 Jahre alter Unsterblicher hätte die Französische Revolution und Napoleon miterlebt, die Zeit des deutschen Kaiserreichs und zwei Weltkriege. Die Welt, die er kannte, ist politisch nicht mehr vorhanden – er muss sich immer wieder anpassen, um nicht als Relikt aufzufallen.

Für Unsterbliche liegt das Fremde nicht im Raum außerhalb unserer Welt, es liegt in unserer Welt. Der Unsterbliche wird der Welt fremd und damit für die Welt ein Fremder.

Und natürlich wird er nie die Antwort auf eine Frage erhalten: Was kommt nach dem Tod? Die letzte Antwort bleibt ihm verwehrt ... Und weil die Naturspiritualität auch eine Suche ist nach uns selbst im Innen und im Außen, ist es sinnlos, den Tod aufzuheben. Er ist Teil des Lebens, Teil unserer zu machenden Erfahrungen.

Der Zeitstrahl

Aufgabe Nr. 15

Bitte nimm dir einen Tag Zeit. Male einen langen Strich, der vom Beginn der Geschichte bis in die ferne Zukunft führt. Überlege dir, wo wir gerade zeitlich in Bezug auf diese Geschichte der Menschheit stehen. Und dann überlege dir, wie viele Leben man darin unterbringen könnte. Wie viel Wissen in diesen Leben verborgen ist, wie viel Wissen noch zu erleben sein wird. Was könntest du alles schon gelernt (und wieder vergessen) haben? Was könntest du alles noch lernen, von dem du noch nichts weißt, weil es in der Zukunft liegt?

Selbst wenn du dich an frühere Leben erinnern kannst: Was weißt du über diese Zeit? Hast du dich mit der Geschichte beschäftigt, darüber nachgedacht, wie Menschen vor tausend Jahren gelebt haben (oder in tausend Jahren leben werden)?

An dieser Stelle möchte ich eine Leseaufgabe stellen. Wenn du zu irgendeinem Punkt der Geschichte eine Verbindung herstellst, das Gefühl hast, dass dieser Zeitpunkt und ein bestimmter Ort, eine bestimmte Epoche dir etwas bedeuten, dich berühren: Leih oder kauf dir ein Buch über diese Epoche, lese es und betrachte, was dein Leben und dieses Leben verbindet und was es trennt. Oder wenn du lieber Filme schaust: Es gibt inzwischen zu fast allen Epochen der Menschheit Spielfilme oder Dokumentationen, die man sich anschauen kann, um ein Gefühl für das entsprechende Zeitalter zu erhalten.

Schlimmstenfalls lernst du etwas über Geschichte, bestenfalls etwas über dich selbst.

Gespenster, Elfen, Kobolde, Elementar- und Werwesen

Wir Menschen werden seit dem Beginn unserer Existenz als Rasse von einer Gruppe von Wesen begleitet, die man allgemein als Naturgeister und magische Fremdrassen bezeichnen könnte. Ich zähle Geister und Gespenster zu dieser Gruppe, weil sie sicherlich nicht menschlich sind und gemeinsame Merkmale aufweisen, die sie als Gruppe qualifizieren. Ebenso verfahre ich mit den Werwesen.

Ich will erst einen Überblick geben (der hoffentlich ein wenig anders aussieht als der übliche Überblick über diese Wesen), bevor ich ein paar grundsätzliche Überlegungen zu dem Thema äußere.

Schon als kleines Kind erfährt man etwas über Geister und Gespenster. Ob das nun durch Märchen, »Hui-Buh, das Schlossgespenst« oder einen der vielen Gespensterfilme für Kinder geschieht – wir werden früh mit der Möglichkeit konfrontiert, dass Geister uns in unserem Leben begegnen könnten.

Zwei Fragen drängen sich in diesem Zusammenhang auf:

1. Wann hat man als spirituell denkender Mensch Kontakt zu Geistern?
2. Wie kann man Geister in einem System erklären, das auch an Reinkarnation glaubt?

Geister sind mir in meinem Leben als durchscheinende, mit Ketten behangene Wesen, die heulende Laute ausstoßen, noch nicht begegnet. Aber ich hatte schon einige »Begegnungen«, die ich nicht anders erklären kann als durch den Kontakt mit den Geistern Verstorbener. So hatte ich schon mehrmals Träume, in denen mir verstorbene Verwandte begegnet sind, die sich mit mir über Dinge unterhielten oder mir Anweisungen gaben (von verstorbenen Verwandten akzeptiere ich relativ klaglos Anweisungen). In diesen Träumen war mir klar, dass ich mich in einer traumhaften Umgebung befand – aber ich bin nicht aufgewacht, sondern weiter in der Vision verblieben, obwohl ich normalerweise erwache, wenn mir bewusst wird, dass ich träume.

Auch Wesen, die man als Geister bezeichnen würde, sind mir schon begegnet. Ich kenne das Gefühl, Wesenheiten im Raum zu haben, auf die alle Anwesenden eigenartig reagieren – Gänsehaut, Schauer über den Rücken, Gefühl des Unwohlseins etc. Manchmal habe ich Räumlichkeiten daraufhin gereinigt oder Schutzkreise gezogen, weil ich mich bedroht oder auch nur beobachtet fühlte. Ab und an habe ich auch das Gefühl, aus den Augenwinkeln Figuren zu sehen, die an mir vorbeihuschen – menschengroße Schemen, die mir zu winken scheinen oder in meine Richtung lächeln. Ich empfinde sie nicht als bedrohlich, habe mich an sie fast schon gewöhnt (obwohl ich immer noch erschrecke, wenn ich sie sehe; aber der Schrecken hält nicht lange an).

Die Situationen, bei denen ich »Kontakt« hatte, haben meiner Ansicht nach kein gemeinsames Erkennungszeichen. Ich kann also keine Regel formulieren, wie man mit Geistern in Verbindung tritt. Ich kann nur sagen, dass man sich für die Möglichkeit offen halten sollte und immer bereit sein muss, die Existenz solcher Wesen anzuerkennen.

Die Frage der Reinkarnation ist schon schwerer zu beantworten. Wenn es wirklich Gespenster gibt, die als Überreste verstorbener Menschen durch unsere Realität spuken, dann stellt sich die Frage, in welcher Form hier ihre Seelen weiterleben.

Man geht davon aus, dass die Seele des Gespenstes nach dem Tod weiter an unsere Sphäre gebunden ist und daher als Energiekonstrukt noch umhergeistert. Daher sind Gespenster oft an einen Ort gebunden. Aber warum sollte hier die Seele das Spuken einstellen, bevor sie (meist durch junge Mädchen oder die Auflösung eines Rätsels, wenn man der Literatur glauben will) sich auflöst bzw. reinkarniert? Die Seele kehrt doch nur wieder in ein nächstes Leben zurück – vielleicht geläutert, vielleicht befreit.

Sind Geister und Gespenster doch keine Seelen, die weiterhin auf unserer Ebene Halt finden, sondern sind es nur Schatten der Erinnerung, psychische Restenergien, die von der Umwelt gespiegelt und eventuell verstärkt zu einem Nachhall des Lebens führen, den wir als Gespenster wahrnehmen? Oder sind Gespenster gar keine seelischen Verbindungen zur Totenwelt, sondern nur Erscheinungsformen gänzlich anderer Wesen, die uns vertraute (oder zumindest bekannte) Formen wählen, um uns nicht gleich zu erschrecken (was ihnen nicht immer gelingt)?

Je länger ich darüber nachdenke, desto wahrscheinlicher erscheint mir letztere Deutung. Eine letztendliche Antwort kann ich nicht bieten.

Ein anderes Thema sind die immer wieder auftauchenden Elfen und elfenähnlichen Rassen. Eigenartig ist es schon, dass in den Mythen und Märchen Europas seit vielen, vielen Jahrhunderten immer wieder Elfen und ähnliche Wesen auftauchen. Manchmal handelt es sich um Heinzelmännchen, die für etwas Nahrung und Milch auf einem Tellerchen gern bereit sind, nachts die Arbeiten der Handwerker zu erledigen und das Haus in Ordnung zu bringen. Oder es sind bösartige Gnome, die nichts Besseres zu tun haben, als Kinder aus der Wiege zu entführen und durch ihre eigenen Kinder zu ersetzen. Natürlich sind Gnomenkinder bei weitem nicht so hübsch wie Menschenkinder, und daher nennt man diese untergeschobenen Kinder abfällig »Wechselbälger«.

Manchmal sind es auch langbärtige Zwerge, die – ein Lied aus einem bekannten Disney-Film singend – durch die Berge davonziehen, um sich in irgendeinem dunklen Stollen zu vergnügen (wenn sie nicht gerade damit beschäftigt sind, minderjährige Königstöchter illegalerweise vor ihrer Erziehungsberechtigten zu verstecken).

Manchmal hört man auch noch von Feldfrüchte zählenden Nachkommen des Riesengeschlechts. Natürlich müssten diese doch schwer zu übersehenden Wesen am ehesten Probleme damit haben, im zwanzigsten Jahrhundert unentdeckt zu existieren. Oder wo, bitteschön, soll sich ein ortsansässiger Frankfurter Riese verstecken?

Da haben es die kleinen Naturgeister schon einfacher, die in Schuhkartons oder Abwasserschächten gut hausen können (zumindest macht uns das die Filmindustrie glauben). Aber der Riese an sich leidet stark unter dem Bevölkerungsdruck und zieht sich daher in die abgelegensten Gebiete Europas zurück. Jedem Menschen müsste klar sein, dass der Riese sicherlich zu den bedrohtesten Spezies der Familie der Naturgeister gehört. Ich lasse ihn deshalb bei meiner Betrachtung außen vor und schone ihn.

Und wo sind all die Elfen hin? Wenn man – um letztere Frage zuerst zu beantworten – der gängigen Lesart glauben schenken will, dann haben sich die Elfen irgendwann im späten Mittelalter in eine Art Parallelwelt zurückgezogen. In eine Welt, in der es kein Leiden gibt, kein Sterben und keinen Schmerz und in der ein endloser Sommer herrscht. Sie sind also zurückgekehrt an jenen Ort der idealen Langeweile, der diesen Wesen so gut zu Gesicht steht.

Und der Kobold? Eigentlich war ich immer der Ansicht, der Kobold an sich sei ausgestorben. Aber es gibt inzwischen Hinweise für die Theorie, dass die Kobolde weiterhin unter uns sind und Schabernack treiben.

Über die Kobolde ist bekannt, dass sie ihr Aussehen verändern können. Nicht nur ihr Gesicht, sondern auch – wenn auch in begrenztem Umfang – ihren Umfang und ihre Größe. Sie können auch ihre Körperfarbe und ihre Augenfarbe verändern, wenn auch vielleicht nicht die Farbe ihrer Haare (die sind wohl immer eigenartig rot bzw. haben einen roten Schimmer). Wenn du mir nicht Glauben schenken willst, dann solltest du dir einfach einmal ein gutes Märchenbuch aus dem Schrank greifen und festzustellen versuchen, ob sich Kobolde untereinander immer ähnlich sehen. Die Antwort ist kurz: nein. Ein Kobold ist deswegen ein Kobold, weil er sich wie ein Kobold benimmt und ein wenig eigenartig – sozusagen koboldhaft – aussieht. Aus keinem anderen Grund.

Der Kobold ist eine der ältesten Figuren der europäischen Mythenwelt. Was fanden die Iren vor, als sie Irland besiedeln wollten? Kobolde! Was verseuchte die russischen Weiten? Kobolde! Wer steckte wohl hinter all jenen schönen römischen Baumgeistern und belebten Quellen? Kobolde! Wer gab den griechischen Göttern den besonderen »Touch«, wer sorgte dafür, dass jeder Göttervater seinen Weingott, jede Athene ihren Pan hatte? Kobolde!

Man kann zusammenfassend sagen, dass das ganze klassische Europa eine Fülle von Kobolden aufzuweisen hatte. Und ich gehe sogar noch einen Schritt weiter: Der Europäer der Klassik ging mit dem Kobold eine Art Symbiose ein – Kobold und Europäer gehören zusammen, der Kobold ist Teil der mythischen Seele Europas. Anscheinend ist der Kobold von seiner Struktur als anarchischer Quälgeist dazu geeignet, in der verworrenen Seele des Europäers eine Seite zu berühren, die andere Naturgeister nicht berührt haben. Vielleicht ist der wilde Kobold das notwendige Gegenstück zum zivilisierten Europäer.

Aber: Wo sind diese ach so wichtigen Kobolde heute hin? Sie sind mit den Europäern nach Nordamerika gegangen.

Um meine These zu belegen, dass der Kobold an den Europäer geknüpft ist, und um weiterhin zu beweisen, dass die Kobolde – im Gegensatz zu den Elfen und den Gnarrbungls – nicht aus der

Welt verschwunden sind (oder kann sich noch jemand daran erinnern, jemals einen Gnarrbungl gesehen zu haben?), hier einige Fakten zu meiner Theorie: Seit etwa der Mitte der vierziger Jahre des letzten Jahrhunderts kommt es zu Sichtungen von eigenartigen Gegenständen am Himmel, die – mangels einer besseren Beschreibung – als »fliegende Untertassen« bezeichnet werden. Diese »fliegenden Untertassen« segeln am Himmel entlang, erschrecken Linienflugzeuge, verwirren abendliche Balkonsteher und erzeugen bunte Lichter oder blinkende Punkte.

Kobolde! Weil wir aufgehört haben, ihnen die Schalen mit Milch hinzustellen, fliegen sie jetzt mit Untertassen am Firmament herum. Klarer könnte der Hinweis doch nicht sein, oder?

Eine weitere Gruppe sind die Elementarwesen. Jedem der klassischen vier Elemente scheinen passende Wesen zugeordnet zu sein, die ihr Element fast perfekt personifizieren und mit diesem Element eng verbunden sind.

Feuerwesen sind zum Beispiel der Salamander, der im Feuer lebt und aus ihm geboren wird, oder die Flammengeister, die in Flammen leben und aus ihnen zu uns sprechen. Auch Loki (oder Lohe) gehört in diese Gruppe. Wechselhafte Wesen voller Macht, die verbrennen und vernichten können, aber auch wärmen und schützen. Vulkane sind die Orte der Wesen, die sich mit Feuer beschäftigen (wie die Zwergenschmiede oder die unterschiedlichen Schmiedegötter der Mythologie).

Das Wasser ist ein ruhiges, beständiges Element. An Quellen und in Flüssen leben Geister (wie der »Vater Rhein«), und viele Weiher haben noch ihre eigenen Wasserwesen. Der Frosch steht für diese Gruppe (wie der »Froschkönig« aus dem Märchen), ebenso der wilde Wassermann aus dem Volkslied. Das Meer, der Ozean haben eigene Geister, die vernichten, aber auch Leben spenden können. Seewesen wie Nixen oder Meermänner bevölkern unterseeische Städte.

Die Erde ist noch ruhiger als das Wasser (das Wasser hört man schon reden, wenn man sich an einen Fluss setzt, die Erde spricht ganz selten). Die Erde ist beständig, fest und sicher (ein Erbe der Erfahrung, dass unsere Heimat vor Erdbeben und ähnlichen Naturkatastrophen recht sicher ist). In der Erde graben die Zwerge nach Gold, in ihren unterirdischen Hallen schlafen mythische Könige und leben Elfen in ihren geheimen Königreichen (Tannhäuser zieht sich in den Berg zurück, um dort den Menschen zu entfliehen). Im Gebirge haben die Berge Macht und Namen, von vielen Bergen kennt man eigene Geister und Riesen, die in ihnen wohnen und sie beschützen.

Die Luft ist ein wankelmütiges Element. Luftgeister sind schnell, geschwätzig, aber auch gute Boten und gute Augen für den Magier. Der Adler ist der Herr der Lüfte, aber auch Falken und Eulen sind gute Zeichen für die Kräfte der Luft. Sie sehen in die entlegensten Winkel, bringen Nachrichten von den Enden der Erde und schützen das Ritual durch ihre Anwesenheit. Luft umgibt uns überall, es ist ein allumfassendes Element, dessen Wesen auch überall anrufbar sind.

Unsere Märchen und Mythen sind reich an Werwesen und Tierverwandlungen. Frösche, die man küsst, werden zu Prinzen. Störche können sich in Menschen zurückverwandeln, wenn sie das Zauberwort wieder erhalten. Männer verwandeln sich in Vollmondnächten zu Werwölfen (gibt es auch Werwölfinnen?), Vampire können zu Fledermäusen, Jungfrauen zu Schwänen werden, Götter in Tiergestalt nähern sich schönen Frauen.

Das Werwesen als Mensch, der sich in ein Tier verwandeln kann (was deutlich häufiger ist als der umgekehrte Fall), ist in doppeltem Sinn wichtig für die Naturspiritualität.

Eine Seite ist das Hineinsteigern in das Tier. Man verwandelt sich nicht körperlich in das entsprechende Geschöpf, aber übernimmt für bestimmte Aufgaben Fähigkeiten oder Kenntnisse des

Geschöpfes. Eine körperliche Verwandlung ist nicht gewünscht, eher eine Annäherung an das Geschöpf, um mit ihm kommunizieren und seine Fähigkeiten nutzen zu können. Die andere Seite ist die wirkliche Verwandlung. Ich habe das noch nie erlebt und werde das wohl auch nie erleben. Nach meinen Erfahrungen bleibt das übermenschlichen Wesen überlassen – was wohl ganz gut ist, wenn man die Literatur zur Problematik der Rückverwandlung betrachtet. Werwesen sind eigentlich keine eigene Rasse, sie sind die Anwendung einer bestimmten Fähigkeit.

Dieser Exkurs sollte aufzeigen, dass uns bestimmte Wesen im Umfeld unserer Existenz »vertraut« sind. Wir kennen sie aus Märchen und Mythen, ohne ihnen vielleicht wirklich begegnet zu sein.

Ein wichtiger Aspekt der Naturspiritualität ist es, an sie zu glauben. Sie sind da draußen, wo sie schon immer waren. Wir haben sie aus unserem direkten Sichtfeld vertrieben, aber sie warten eigentlich nur darauf, dass wir uns ihnen wieder nähern. Viele Menschen glauben an Begriffe wie »Freiheit«, »Vollbeschäftigung«, »Marktwirtschaft« oder sogar an mythische Orte wie Las Vegas, Ulan Bator oder Melbourne, ohne sie je erfahren oder selbst gesehen zu haben. Was ist an diesen Dingen, an die wir alle glauben, weniger mythisch als an der Anderswelt der Elfen, den mittleren Königreichen des Mythos, Walhalla, Toren im Hügel oder Türen in den Bergen? Eigentlich nichts.

Welten und Wesen

Aufgabe Nr. 16

Ich behaupte, dass einige der oben genannten Wesen auch in deiner Umwelt existieren. Deine Aufgabe wird jetzt sein, mit ihnen Kontakt zu suchen.

Und bitte: Notiere alle Schritte, die du gehst, in aller Ruhe und ausführlich in deinem Buch!

Wähle eine Rasse, die dir keine Angst einflößt. Die Kobolde sind ein gutes Beispiel – sie sind verspielt, und ihr Humor ist eigenartig, aber sie sind nicht bösartig. Überlege dir aber eine Rasse, die dir zusagt – sie muss nicht in meiner Darstellung auftauchen, sondern sie muss dir liegen.

Überlege dir jetzt einen Weg, sie zu kontaktieren. Schlage in Märchen oder einschlägigen Büchern (ruhig auch der Fantasy-Literatur, die ein guter Steinbruch für solche Überlegungen ist) nach und bedenke in Ruhe, wen du kontaktieren willst.

Schlafe über deine Entscheidung. Wenn sie am nächsten Tag noch gut ist, dann mache weiter.

Überlege dir einen Weg, die Wesen zu kontaktieren. Wie willst du sie rufen? Was kannst du ihnen bieten – eine Schale Milch oder ein kleines Geschenk reichen oft schon aus. Sind sie mit einem der vier Elemente verbunden, das dir besonders liegt? Was kannst du dann tun, um sie zu rufen, was zu diesem Element passt, und was kannst du ihnen als Geschenk bieten?

Überlege dir einen Ort und eine Zeit, um sie kontaktieren. Sorge dann dafür, dass du an diesem Ort und zu dieser Zeit ungestört bist – sie sind scheu, die kleinen Biester.

Überlege dir in Ruhe, was du von ihnen willst. Ich habe bereits über den Willen gesprochen, der rein sein muss. Hier muss er wirklich rein sein, du solltest dir vorher also in Ruhe überlegen, was du möchtest. Überlege dir auch noch einmal in Ruhe, ob du wirklich willst, dass du ihnen etwas (und zwar genau das) anbietest. Sie haben von uns Menschen gelernt, trickreich zu sein.

Überschlafe auch diese Entscheidung.

Wenn du wirklich sicher bist, was du willst, dann tue es. Suche den Ort zu deiner gewählten Zeit auf und tue, was du für richtig hältst.

Die Antwort müssen kein Blitz sein und kein Elfenschwert, das vor dir im Stein auftaucht. Ein plötzlich aufkommender

Windhauch, ein Regen, eine zärtliche Berührung an der Schulter, ein überraschend auftauchender alter Mann oder eine alte Frau, ein alter Bekannter am Telefon, von dem du lange nichts gehört hast, ein dir ins Auge fallendes wertvolles Buch oder ein schöner Stein können alles Nachrichten sein, die für dich gedacht sind. Nehme sie hin als Geschenk und studiere sie. Sie werden dir einen Weg zu einen tieferen Verständnis der anderen und deiner selbst bieten.

Wenn der Preis zu hoch, der Weg zu weit oder die Botschaft unverständlich ist – versuche es erneut und erkläre den anderen, warum der erste Weg für dich nicht gangbar ist. Sofort verstehbare Antworten sind nach Jahrhunderten der Missverständnisse die Ausnahme. Was dir nicht zusagt, solltest du nicht tun – hier und in keinem anderen Bereich der Naturspiritualität!

Einige prinzipielle Überlegungen zu Gottheiten

Es gibt einige grundsätzliche Überlegungen zu Gott und Gottheiten, die ich für allgemeinverbindlich halte. Ob sie das sind, ist diskutierbar – es sind meine Überlegungen, keine unverletzbaren Regeln.

1. Ich glaube daran, dass es ein Wesen gibt, welches den Kosmos und damit uns geschaffen hat. Dieses Wesen nenne ich »Gott«, weil mir kein besserer Begriff dafür einfällt.
2. Dass ich dieses Wesen männlich benenne, hat etwas mit meinem Geschlecht und meiner Wahrnehmung zu tun. Die Gottheit ist größer als mein Bild von ihr, deshalb ist es legitim, sie als Gott, Göttin, geschlechtsloses Wesen oder jede andere Erscheinungsform zu begreifen.
3. Dieses Wesen, diese Gottheit, hat einen Plan mit der Schöpfung. Wir sind nicht einfach so in das Leben hineingeworfen

worden, der Kosmos ist nicht nur die Kulisse für den Entwurf unserer Zivilisation (samt Autokino, Volksmusik und Popcorn), sondern Rahmen für ein Schauspiel, dessen Regeln und Zielsetzung ich nicht begreifen kann.

4. Wir Menschen sind nicht in der Lage, die Gottheit in ihrer Gesamtheit zu erkennen. Wir machen uns Bilder von ihr, die besser handhabbar sind als ein unbeschreibbares Wesen.
5. Unsere Kultur und unsere Gesellschaft spiegeln sich in dem wider, wie wir die Gottheit beschreiben. Je höher eine Kultur aufsteigt, desto detailreicher wird ihr Bild von der Gottheit.
6. Jede Kultur schafft sich Gottheiten, die jene Aspekte des Lebens widerspiegeln, die für sie wichtig sind. Ein Schmiedegott ist in einer vorindustriellen Gesellschaft sinnvoll, eine Fruchtbarkeitsgöttin ist wichtig für Ackerbauern, ein Meergott für Seefahrer, ein Wüstendämon für Wüstenbewohner. Diese Aspekte sind Teile der größeren Gottheit, die bestimmte Bereiche personifizieren, um sie handhabbar zu machen.
7. Jeder Gott ist ein Wesen, das es für den Menschen, der mit ihm kommuniziert, wirklich gibt. Die Existenz dieser göttlichen Wesen ist ein Teilaspekt der großen Göttlichkeit und daher wahr und richtig.
8. Es gibt keine falschen Götter, nur Götter, die ich nicht begreifen oder verstehen kann. Es gibt Götter, deren Wirken und Aufgaben ich nicht mit meiner moralischen/ethischen Grundhaltung vereinbaren kann. Sie spiegeln nur die Menschheit wider, die in Teilen ihrer Ansichten auch meiner moralischen/ethischen Grundhaltung widerspricht.

Es gibt auch Gottheiten, mit denen ich mich anfreunden kann. Bilder, die für mein Leben eine Bedeutung haben. Aber mein Männerbild spiegelt sich auch in dem wider, was ich von einer männlichen Gottheit annehme. So sind meine Kriegeranteile ein wenig unterentwickelt. Ich halte es da eher mit Figuren wie Loki oder Pan. Wer es schafft, Thor so zu überlisten, dass er in Frauenkleidern bei den Riesen auftaucht, der hat meine volle Sympathie!

Ich glaube nicht, dass die Antwort auf mehrere tausend Jahre Patriarchat darin besteht, jetzt die weiblichen Anteile überzubetonen – aber mit dieser Position dürfte ich in der Naturspiritualität des 21. Jahrhunderts auf ziemlich verlorenem Posten stehen.

Ich finde Loki amüsant. Es darf auch bei einer männlichen Sicht des Heidentums nicht nur den Jäger, den Krieger, geben. Der spielt sicherlich eine Rolle, aber nicht in meinem Leben. Spätestens seit Monty Python wissen wir, dass in einer Welt voller Supermänner derjenige die wichtigste Person ist, der ein Fahrrad reparieren kann.

Loki ist ein Gott der Vergangenheit, der den Transfer in die Gegenwart nicht ohne Verluste übersteht. Er ist ein Bild, ein Name, den ich verwende, um mich jenem Gott zu nähern, der als »Trickster« in vielen Mythologien auftaucht. Ein Gott, der gern ein wenig betrügt und die Menschen immer wieder zum Nachdenken bringt. Seine Späße sind oft derb, aber ich finde ihn lustig.

Er ist meine Antwort auf die Frage nach einer Gottheit, die mir liegt. Es ist keine allgemein verbindliche Antwort, da jeder Mensch eine eigene Antwort auf diese Frage finden muss, welche Gottheit(en) ihm zusagen.

Mein Gott

Aufgabe Nr. 17

Bitte überlege dir in Ruhe, ob du diese Aufgabe lösen willst. Wenn du eine Gottheit/einen Gott hast, den du anrufst, wenn du Schwierigkeiten hast, und mit dem du redest, wenn du Hilfe brauchst – dann darfst du diese Aufgabe überspringen, weil du schon jemand hast, der deinen Wünschen entspricht.

Nichts wäre falscher, als dich zu zwingen, ein anderes göttliches Wesen zu wählen, das »naturspiritueller« ist als deine bisherige Wahl.

Wenn es dieses göttliche Wesen nicht gibt oder du das Gefühl hast, dass dieses Wesen dir nicht gut tut, dann kann ich dich nur zum weiteren Nachdenken auffordern.

Am einfachsten ist es, wenn man sich mit Gottheiten beschäftigt, die schon Namen und Attribute haben. Es gibt viele Bücher über Gottheiten der unterschiedlichsten Götterfamilien. Suche dir eine Gottheit aus, die dir liegt. Ihr Name muss dir gefallen, ihre Zeichen, ihr Kult und ihre Fähigkeiten. Vielleicht ist es jemand aus dem römisch-griechischen, dem nordischen oder dem keltischen Sagenkreis. Hier ist die Nähe zu unserer eigenen Kultur noch vorhanden, und viele Bezüge in Plätzen oder Überlieferungen sind bekannt.

Vielleicht wirst du auch an ganz anderen Orten fündig ... Suche, bis du einen Fund gemacht hast, der dich wirklich zufrieden stellt.

Bitte schreibe nieder, welche Schritte du machst und welche Überlegungen du anstellst, um eine Wahl zu treffen. Diese Wahl ist nämlich nicht in Stein gemeißelt und für immer sicher. Später wird es vielleicht einen Zeitpunkt geben, an dem du deine Wahl überdenken musst, und da ist es gut, wenn du noch weißt, welche Aspekte damals deine Wahl beeinflusst haben.

Dann suche dir einen Weg, um diese Gottheit anzubeten. Wenn schon Wege beschrieben werden, die dir liegen, dann wähle diese. Wenn nicht, suche dir einen eigenen Weg. Ein einfacher Zugang ist das Aufsuchen eines ruhigen Ortes (gerne auch die eigene Wohnung), das Herstellen von Ruhe und ungestörtem Raum zum Nachdenken samt dem Anzünden von Kerzen und vielleicht dem Erzeugen von Wohlgerüchen über Räucherschalen oder Räucherstäbchen.

Sorge dafür, dass du ungestört bist. Dann warte ab, bis Stille und Ruhe eingekehrt sind. Rufe die Gottheit, sage ihr, wer du bist und was du möchtest. Hier kannst du ausnahmsweise einmal auf die klare Definition deines Willens verzichten – die Gottheit hört nicht die Worte, sondern sie liest deine Gedanken und Wünsche. Die Worte sind hier nur ein Medium, mehr nicht.

Warte ab, was geschieht. Wenn du alles richtig gemacht hast, dann wirst du für zumindest einen kurzen Moment die Nähe von etwas Größerem spüren. Für einen Anfang ist das doch schon nicht schlecht.

Wenn es beim ersten Mal nicht klappt und du keinen klaren Grund findest, warum es so gekommen ist (Störung, Unruhe etc.), dann versuche es erneut. Wenn es beim zweiten Mal nicht klappt, dann liegt es nicht an dir oder an der Gottheit, sondern wohl an mir. Wirf das Buch ins Altpapier und suche einen anderen Zugang zur Gottheit.

Andere Welten

Viele, die an magischen Reisen teilgenommen haben, berichten von fremden Orten, die sie besucht haben. Diese magischen Reisen werden durch die verschiedensten Techniken eingeläutet – die ich an dieser Stelle nicht erklären will.

Wichtiger erscheint mir die Frage, was diese Welten sind und wo sie sich befinden. Da sie von vielen Menschen immer wieder beschrieben und besucht worden sind, scheint ihnen eine gewisse, sie verbindende Realität innezuwohnen.

Einen Erklärungsansatz kann ich bieten. Nach ihm bildet unsere Welt mit anderen (fiktiven?) Welten eine Struktur, die man als Multiversum bezeichnet. Unsere eigene Welt ist sicherlich real, sie wird von uns Menschen bevölkert. Einige andere Welten, die immer wieder beschrieben werden, scheinen »Ur-Einwohner« zu haben, die diese Welten zu ihren eigenen gemacht haben (oder dort schon immer wohnten). So haben die Elben/Elfen wohl eine eigene Welt, ebenso ist das Reich der Zwerge von unserer Welt getrennt. Scheinbar leben auch die Dämonen auf einer eigenen Ebene/Welt, die mit ihnen keiner teilen möchte.

Dann gibt es wieder Bereiche, die scheinbar als Bahnhöfe oder Umsteigstationen zwischen den Ebenen dienen und keine »Ureinwohner« besitzen. Jenes Fantasy-Königreich (oftmals »Mittlere Königreiche« genannt), das sich offensichtlich an einem Nexus zwischen den humanoiden Rassen und einigen ihrer Reisebegleiter durch die Jahrtausende (wie den Drachen) befindet, scheint so ein Ort zu sein. Immer wieder gern von magischen Touristen bereist, ist es eine Art »Muss-Stop« bei der ersten magischen Reise durch das Multiversum.

Und dann gibt es jene Einzelpunkte, die immer wieder besucht werden – Lichtungen im Wald, Kloster im Gebirge, magische Orte der Stille wie auch Sammlungsorte vor der großen Schlacht (was ist Walhalla anderes?). Diese Orte sind Teil unserer gemeinsamen »magischen Überlieferung« (wenn wir das Sammelsurium aus Märchen, Mythen und Hollywood so nennen mögen), gemeinsames Erbe einer wie auch immer zu begrenzenden europäischen Kultur der Magie. Diese Orte werden scheinbar von uns gemeinsam geschaffen bzw. am Leben erhalten.

Es gibt Orte, die für einen einzelnen Menschen gedacht sind. Sie gehören ihm, sind von ihm besucht und »erobert« worden. Andere Orte sind Allgemeingut, von vielen unterschiedlichen Wesen besuch- und erreichbar.

Wie soll das funktionieren? Nun, ich denke, dass jeder Mensch ca. 0,1 Promille seiner Lebensenergie darauf verwendet, jene magischen Welten – bewusst oder unbewusst – mit Energie zu befeuern. Dank des hohen Multiplikators an denkenden Wesen reicht dieser Anteil aus, um die Welten energetisch aufrechtzuerhalten.

Im Schlaf werden die Grenzen schwächer, die unser Geist zieht, und immer wieder gelingt es einzelnen Reisenden, gerade im Schlaf hinüber in eine jener Welten zu gelangen - und manchmal kommen sie auch nicht wieder. Die Gabe scheint nicht an magische Fähigkeiten gebunden zu sein, sondern sie ist allgemein vorhanden.

Wenn ich alle Fragen beantworten könnte, dann würde ich keine Bücher schreiben, in denen Fragen offen bleiben. Ich bin nicht allwissend - und auch niemand, den ich kenne, ist das.

Der Pass zu anderen Welten

Aufgabe Nr. 18

Besorge dir ein Sortiment Buntstifte. Überlege dir, welche magische Welt du gern besuchen möchtest. Reserviere in deinem Buch ein paar Seiten für dein Reisedokument. Beginne auf der ersten Seite mit deinem Namen (was dir lieber ist: dein Geburtsname oder ein gesuchter/gefundener Name, der für dich deine Rolle in der Naturspiritualität bezeichnet), male ein Bild von dir oder klebe es ein und füge deine persönlichen Daten ein, von denen du glaubst, sie seien in magischen Welten wichtig.

Dann überlege dir, wo du schon warst. Gibt es Orte, die du im Traum oder träumend schon erreicht hast? Märchenwelten? Fantasy-Welten? Dann sei so gut und zeichne für jede von ihnen einen Eingangsstempel oder ein Transitvisa in deinen Pass. Es muss nicht schön sein, nur erkennbar. Wenn du deinen zeichnerischen Fähigkeiten nicht traust, dann kannst du hier Bilder einkleben oder Fotos, die für dich diesen Ort repräsentieren.

Dann überlege dir, wo du gern hin möchtest. Mache mit Bleistift Markierungen (am besten einen leeren Kasten) für weitere Orte, die du bereisen möchtest. Benenne sie, gib ihnen einen Namen, eine Bezeichnung. Das macht es leichter, sie zu erreichen. Wenn du später dort warst, ersetzt du die Bleistiftmarkierung mit einem Bild oder einer Zeichnung.

Musst du durch andere Länder reisen, um an ein bestimmtes Ziel zu gelangen? Dann trage diese Transit-Länder auch ein.

Gibt es einen Ort, der nur dir ist? Gib ihn doch als Zweitwohnsitz an und male ein Bild für ihn (bzw. benutze ein Foto oder Ähnliches).

Wenn du fertig bist, kannst du dich zurücklehnen und in Ruhe überlegen, wo du überall schon warst bzw. wo du noch überall hinwillst. Ein ganzer Kosmos liegt vor dir – und die ganze Erde auch.

Drogen und Aufputschmittel

Haben Drogen und Aufputschmittel etwas mit Naturspiritualität zu tun? Nein. Alles, was unsere Sinne abstumpft oder unsere Reaktion verlangsamt, ist für die Beschäftigung mit der Natur und der Spiritualität der Natur störend.

Ein Schluck Wein zur Stärkung, eine Zigarette vor dem Ritual – dagegen ist nichts zu sagen. Aber Trancereisen unter Drogen, angeblich bewusstseinserweiternde Drogen zur Erweiterung des eigenen Horizonts und der übermäßige Genuss von Rauschmitteln gleich welcher Art haben in diesem Zusammenhang nichts zu suchen.

Erstens bin ich der Überzeugung, dass die Gottheit den Zugang zu ihr einfach gestaltet hat. Ein eigens zu beschaffendes Mittel ist als Vorbedingung ebenso auszuschließen wie ein bestimmtes, dringend zu lesendes Buch oder ein zu besuchender Ort.

Zweitens ist uns unser Körper mitgegeben worden, um darin zu leben und mit ihm pfleglich umzugehen. Der übermäßige Genuss von Rauschmitteln ist nicht gut für unseren Körper und daher falsch (wer Schmerzmittel oder Medikamente braucht, die ihm verschrieben worden sind, fühle sich bitte nicht gemeint!).

Drittens sind viele Rauschmittel illegal. Wer Ärger mit dem Gesetz will, soll es bitte auf edleren Feldern versuchen als beim Streit um den Besitz und den Konsum von Rauschmitteln.

Danke.

Konsum

Aufgabe Nr. 19

Nimm dir eine Seite und schreibe auf, was du außer Nahrung und verschriebenen Medikamenten im Laufe eines Monats zu dir nimmst.

Ich stelle dir nicht die Aufgabe, diese Dinge zu reduzieren oder aus deinem Leben zu verbannen. Es ist dein Leben. Aber du sollst wissen, was du tust. Und dir überlegen, ob du das wirklich willst.

Wünsche

Wünsche sind ein wichtiger Teil der Magie, weil man an seinen Wünschen gemessen wird. Wie viele Märchen sind voll von Wünschen, die falsch verstanden werden oder falsch formuliert werden, und wie viele Märchen beschäftigen sich mit der Suche nach der Erfüllung der eigenen Wünsche?

Wünsche sind die magische Utopie. Sie schildern ein Fernziel, das man erreichen möchte (leider ohne allzu viel dafür zu tun). Der Held im Märchen erfüllt immerhin Aufgaben, löst Rätsel und übersteht Gefahren, bis sich sein Wünsche erfüllen. Wir erwarten, dass ein paar Tropfen Blut und ein Geschenk dazu führen, dass der freundliche Dämon oder die nette Fee unsere Wünsche erfüllt.

Wer etwas wünscht, der muss es wirklich wollen. Er muss in der Lage sein, die Wünsche fehlerfrei zu formulieren. Und er muss sich sicher sein, dass er will, dass genau diese Wünsche erfüllt werden.

Ich kann keine Tipps geben, wie man wann wem Wünsche stellen kann. Dazu gibt es zu viele Möglichkeiten. Doch wir alle haben Wünsche, mit denen wir an die Naturspiritualität herangehen. Und wir hoffen – bewusst oder unbewusst – darauf, dass diese Wünsche erfüllt werden. Allein schon daher (auch wenn ich keinen klaren Weg zur Wunscherfüllung bieten kann) war diese Abhandlung wichtig.

Aufgabe Nr. 20 Drei Wünsche frei

Nimm dein Buch und formuliere drei Wünsche. Schreibe sie nieder. Schlafe drüber und lies sie erneut. Formuliere sie um, wenn du Änderungen hast. Schlafe drüber. Formuliere sie um, wenn du Änderungen hast. Mache das so lange, bis du drei Wünsche formuliert hast, die wirklich dein sind.

Lasse dir einen Tag und eine Nacht Zeit. Dann überlege dir, wie diese Wünsche zu erfüllen sind. Was muss geschehen, damit diese Wünsche wahr werden? Wenn du dir Reichtum wünschst – wie soll er zu dir kommen? Wenn du dir Gesundheit wünschst – wie soll deine Gesundheit aussehen, was willst du gesund tun können, was du bis jetzt nicht tun konntest?

Überlege so lange, bis du auch die drei Antworten auf die drei Wünsche zusammen hast. Dann lass die ganze Sache wieder mindestens einen Tag und eine Nacht ruhen, bevor du dich erneut dem Thema zuwendest. Und jetzt darfst du dir überlegen, wer dir diese Wünsche erfüllen könnte.

Vielleicht gibt es keine Antwort, vielleicht eine ganz einfache, vielleicht hat jeder Wunsch einen eigenen Lösungsweg. Gleich, wie die Antworten aussehen: Behalte die Wünsche im Herzen und im Kopf, wenn du dein weiteres Leben gehst. Vielleicht wirst du die Wunscherfüllung nie erreichen, aber immerhin hast du jetzt ein Ziel, auf das du zustrebst. Und der Weg ist bekanntlich oft das Ziel ...

5. Grundsätze der Lehre

Deutschland sucht den Supermagier

Die wichtigste Grundeigenschaft des Menschen, der sich mit Naturspiritualität befasst, ist die Beflissenheit, mit der er sich seinen Aufgaben widmen sollte. Beflissenheit heißt für mich in diesem Zusammenhang, dass man ernsthaft und bemüht die Aufgaben in Angriff nimmt, die man sich selbst gestellt hat.

Leider ist das eine Qualität, die in Deutschland in den letzten Jahren an Bedeutung verloren hat. Es ist schwierig, herauszufinden, was wichtig und was unwichtig ist, wenn man immer wieder präsentiert bekommt, dass eigentlich unwichtige Fähigkeiten von der Öffentlichkeit hoch geschätzt werden.

Eine diese Verschiebungen von Bedeutungen wurde durch das Fernsehen erzeugt. Ein Beispiel: Das Format des Talentsuchens im Fernsehen hat sich in den letzten Jahren durchgesetzt. Waren wir anfangs nur von »Big Brother« belagert, so werden jetzt Talente »gecastet« und durch das andauernde Spielen in Fernsehen und Hitparaden zu Stars gemacht.

Früher musste man als Sänger noch durch die Clubs ziehen und sich einen Ruf erarbeiten. Heute nimmt man mit 2000 anderen Leuten an einem »Casting« teil, hüpft ein wenig herum und trällert die Hitparaden rauf und runter. Wenn man das gut macht, gut aussehend ist, ein wenig tanzen kann und ansonsten formbar ist, hat man eine Chance.

Wichtig ist bei der Zusammenstellung einer solchen Gruppe die Beachtung von verschiedenen Strömungen und Minderheiten. Es sollte ein Paradiesvogel dabei sein, der ein wenig über die Stränge schlägt, es sollte ein Mädchen dabei sein, welches das Mitgefühl des Publikums weckt etc. Am besten hängt man noch in diversen Zeitungen eine »human interest«-Geschichte daran (»Schlagerstar: Sein Vater starb im Altenheim«), und schon ist dafür gesorgt, dass die entsprechenden Sternchen bekannt werden.

Vor vielen Jahren hatte Andy Warhol schon prophetisch verkündet, dass in der Zukunft jeder für 15 Minuten ein Star sein werde. Diesen Zustand haben wir jetzt erreicht.

Ist das für die Naturspiritualität das, was ich suche? Nein. Beflissenheit heißt, dass man seine Arbeit macht, auch wenn sie weder Öffentlichkeit noch Anerkennung bringt. Beflissenheit heißt, dass man sich unabhängig macht von der Meinung der Menge. Und es heißt auch, dass man sich sicher sein muss, dass die eigenen Qualitäten vorhanden sind – auch wenn sie nicht von der Mehrheit anerkannt werden.

Wichtig ist, dass wir uns darüber klar sind, dass wir nicht für die Anerkennung der Mehrheit arbeiten. Unser Ziel ist es, zwischen Natur und Mensch eine Verbindung wiederherzustellen, die verloren gegangen ist. Dieses Ziel ist ein gutes Ziel, doch es wird nicht von allen Menschen anerkannt oder gar geteilt. Damit müssen wir leben lernen.

Aufgabe Nr. 21 — Die eigenen Qualitäten

Die Frage, die sich hier stellt, ist die Frage nach den Dingen, die du an dir selbst schätzt. Und die Frage nach Qualitäten, die deine Umwelt an dir schätzt. Du musst lernen, deinen Gaben zu vertrauen, und dir darüber klar werden, welche deiner Fähigkeiten von deiner Umwelt geschätzt werden.

Bitte nimm dir wiederum einen Nachmittag oder Abend Zeit, um diese Aufgabe zu bearbeiten.

Erstelle eine Liste von Dingen, die du für deine Qualitäten hältst. Das können Fähigkeiten sein, aber auch einfach Charakterzüge, die du positiv bewertest. Und dann überlege dir in einem zweiten Schritt, welche dieser Dinge von deiner Umwelt geschätzt werden.

Es ist nicht wichtig, dass deine Umwelt alle Dinge schätzt, die du an dir selbst schätzt (das ist sogar eher unrealistisch). Wichtig ist, dass du erkennst, dass du Gaben und Fähigkeiten hast, die man einsetzen und benutzen kann.

Jetzt stellt sich die Frage, ob du versuchen kannst, auch die Dinge in deiner Umwelt einzusetzen, die du kannst, die aber nicht anerkannt werden – und wie du die Dinge ausbauen kannst, die von deiner Umwelt von dir verlangt werden, die du aber nicht gut genug beherrschst.

Ich gebe zu, dass das Nachdenken über diese Frage länger dauert als nur einen Nachmittag. Aber es ist wichtig, dass man diese Liste erstellt, um sie für einen späteren Zeitpunkt vor Augen zu haben (und gegebenenfalls zu überarbeiten).

Wir sind zu keinem Zeitpunkt unseres Lebens fertige Produkte, sondern wir müssen immer an uns arbeiten! Wir werden wohl nie zum Supermagier, aber wir werden zum Menschen. Und das ist mehr wert.

Grundlagen der angewandten Magie

Die Grundlage der Magie im Rahmen der Naturspiritualität ist der Fortschrittsgedanke. Seit dem Wegfall des Kommunismus als weltumspannender Ideologie ist dieser Glaube ein wenig untergegangen, aber ich halte weiterhin an der Idee eines Fortschritts in der Entwicklung des Universums fest (ohne selbst Kommunist zu sein, wie ich an dieser Stelle erklärend einfüge).

Ich lege mich nicht fest, ob es sich bei der Entwicklung des Universums um eine aufsteigende oder eine absteigende Entwicklung handelt – das würde Themen streifen wie Thermodynamik und die Entstehung des Universums. Aber es gibt einen Anfang und ein Ende für das, was ich als Schöpfung bezeichne. Und Anfang und Ende bedingen eine Entfernung zwischen beiden, aber auch eine Entwicklung. Und für Magie als dynamisches System brauchen wir diese Entwicklung, weil nur in einem veränderlichen Universum Magie sinnvoll Veränderungen herbeiführen kann.

Nur dann, wenn alles in Bewegung ist, kann ich selbst auch diese Bewegungen benutzen oder herbeiführen, um damit Magie zu wirken. »Panta rei«, alles fließt.

Ein großer Vorteil des Weltbildes der Naturspiritualität ist seine Definitionskraft. Als eines der wenigen Gedankensysteme ist es in der Lage, von der Gegenwart aus sinnvoll Vergangenheit und Zukunft zu erklären. Man stelle sich eine Kordel vor, die über eine Tischplatte gelegt ist. Die Kordel ist die Zeit, die Geschichte des Universums, die von einem Ende zum anderen Ende der Tischplatte verläuft. Für das Modell stellen wir uns weiterhin vor, dass die Tischplatte endlich ist, wir aber nicht erkennen können, wo die Enden sind. Jetzt müssen wir uns vorstellen, dass wir uns quer zur Kordel bäuchlings auf die Tischplatte legen und einen Finger am ausgestreckten Arm unter die Kordel schieben. Wir beginnen ganz rechts, so weit wir eben mit dem Finger unter die Kordel kommen, und bewegen unseren Arm nach links, so weit wir können, ohne unseren Finger unter der Kordel hervorzuziehen. Der Punkt, an dem der Finger ganz rechts unter der Kordel liegt, ist die Gegenwart. Durch die Bewegung von rechts nach links definieren wird den Verlauf der Zeit, und durch die Länge der Strecke, die wir von rechts nach links berühren können, definieren wir unseren Beobachtungszeitraum (einfacher gesagt: unser weiteres Leben).

Links und rechts unseres Fingers entstehen kleine Ausbeulungen, weil wir die Kordel leicht anheben. Und man kann sich vorstellen, dass die Wellen, die hier entstehen, sich durch die Kordel in beide Richtungen fortpflanzen.

Das Weltbild der Naturspiritualität ist nun eines, das versucht, die Erkenntnisse der Wissenschaften einzubauen. Wir glauben nicht länger daran, dass die Erde eine Scheibe oder der Mittelpunkt des Universums ist. Für uns ist es auch verständlich, dass sich das wissenschaftliche Weltbild ändert. Die meisten Werke über Magie stammen aus den letzten hundert Jahren. Dies hat nicht nur etwas mit einer »heidnischen Renaissance« zu tun, sondern auch damit, dass der Buchdruck samt der Einführung der neuen Technologien natürlich dazu geführt hat, dass das Informationsangebot massiv gewachsen ist.

Um es vereinfacht auszudrücken: Das moderne Heidentum ist zeitnaher, weil es in den letzten hundert Jahren gezwungen war, seine Wurzeln komplett zu überdenken bzw. neu zu finden.

Naturspiritualität und Magie ist eine flexible Weltsicht gemeinsam; wir können von unserem heutigen Standpunkt aus Vergangenheit und Zukunft definieren. Um in meinem Beispiel zu bleiben: Wir sehen zwar nicht, wie weit die Kordel der Zeit in jede Richtung reicht, aber wir sehen die Kordel, fühlen das Material, aus dem sie besteht, spüren den Druck auf unserem Finger. Und wir können dadurch, dass unser Hier und Jetzt immer von der Stelle markiert wird, an der sich unser Finger befindet, von einem festen – wenn auch flüchtigen – Punkt aus Aussagen über andere Zeiten machen. Unser momentaner Standpunkt, unser Beobachtungspunkt, ist erhöht und erlaubt uns einen besseren Blick. Und den sollten wir nutzen.

Es braucht uns nicht zu kümmern, dass sich das Weltbild in den letzten Jahrhunderten drastisch verändert hat – das Magiebild und das Bild der Naturspiritualität haben sich auch verändert, sie werden sich weiterhin verändern. Zumindest hoffe ich das, denn Stillstand ist Rückschritt.

Aufgabe Nr. 22 Bewegung

Die Grundlage der Magie im Rahmen der Naturspiritualität ist die Bewegung. Die Welt um uns herum ist nicht starr, sondern andauernd im Fluss. Das macht es uns überhaupt erst möglich, auf sie einzuwirken, weil wir die Bewegung ausnutzen können, um mit ihr zu schwimmen oder sie leicht zu verändern.

Bitte nimm dir wieder ein wenig Zeit. Dieses Mal gibt es keine feste Zeitvorgabe und kein Verbot von Störungen – alles fließt. Nimm dir einen Zeitraum vor (mein Vorschlag wäre eine Woche), in dem du notierst, was in deinem Leben und deinem Umfeld deiner Ansicht nach starr und unbeweglich ist und was sich bewegen lässt oder gar schon vor dir bewegt wird.

Sinnvoll ist an dieser Stelle, wenn du dir während der Woche Notizen machst, die du am Ende der Beobachtungszeit in dein Buch überträgst. Nicht alle Dinge, die dir auffallen, werden dir begegnen, während du in Ruhe nachdenkst und etwas notieren kannst. Sie werden stattfinden, wenn sich Dinge bewegen – und da hat man dann keine Ruhe, um etwas ausführlich niederzuschreiben.

Es gibt hier keine Handlungsanweisung. Du sollst beobachten und daraus deine Schlüsse ziehen. Nicht mehr, aber auch nicht weniger.

Riten und Zauber

Ich will versuchen, ein paar theoretische Überlegungen zum Thema Riten und Zauber zu formulieren, die den Umgang mit beidem leichter machen.

Erstens: Zauber und Riten brauchen eine Ein- und eine Ausleitung.

Man sollte etwas Rituelles benutzen, um das Wirken der Magie einzuleiten, und etwas Rituelles benutzen, um sie wieder auszuleiten. Das Schnippen mit den Fingern reicht manchen Magiern, andere brauchen ein Gewand, einen geweihten Dolch und gefärbte Haare. Beide Ansätze sind Ordnung, wenn sie funktionieren. Mit Riten oder Ritualen ist das ebenso.

Natürlich will ein Ritual auch vorbereitet sein. Im Zeitalter der modernen Kommunikation erhält man (leider) selten einen schön gestalteten, mit der Hand sorgfältig geschriebenen Brief oder einen netten Anruf, sondern – wie 30 andere Leute auch – eine eher formlose E-Mail. In dieser E-Mail wird man zu einer Feier geladen.

Scheinbar verleitet der E-Mail-Verkehr dazu, dass man sich auf die wesentlichen Dinge konzentriert. Eigentlich schade. Warum haben wir früher mehr in einem Brief geschrieben, wenn das Schreiben von Briefen doch mehr Arbeit ist als das Schreiben von E-Mails? Müssten wir nicht die gewonnene Zeit damit zubringen, längere Mails zu schreiben? Nein, die gewonnene Zeit ist wahrscheinlich eine Täuschung, verschwindet in PC-Wartungsarbeiten und dem Installieren von Programmen und schlägt sich nicht positiv auf unser Zeitkonto nieder.

Die E-Mails, die ich zu solchen Ritualen erhalte, sind meist karg. Wenn man Glück hat, enthalten sie noch einen Verweis auf die Stätte der Veranstaltung. Wahrscheinlich kann man auch gleich einen Link anklicken, der einen zum Fremdenverkehrsverein des Ortes führt, einen Link, der einen zum Gaststättenführer bringt, einen Link zum Routenplaner, zur Streckenauskunft der Bundesbahn etc. Eigentlich darf man dankbar sein, wenn sich hinter dem Satz »Bringt was zum Räuchern mit« nicht gleich noch ein Link zum Internet-Räucherwerk-Versender des Vertrauens findet.

Bei einer dieser Einladungen habe ich zurückgerufen. Weil mir nicht ganz klar war, was ich mitbringen sollte. Eigentlich wollte ich nach Dingen des täglichen Lebens fragen – meine Frage ging mehr in die Richtung von Handtuch (bringen oder leihen?), Schlafsack (bringen oder leihen?) und Gastgeschenken. Die Antwort, die ich auf meine Frage »Was soll ich mitbringen?« erhielt, bezog sich aber auf die religiöse Seite des Ereignisses. Nachdem das Missverständnis aufgeklärt war, kam ich ins Nachdenken.

Denken wir schon so sehr in magischen Bahnen, dass wir zuerst an rituelle Gegenstände anstatt an Gegenstände des täglichen Lebens denken? Ich hoffe nicht.

Ich klassifiziere Dinge gerne, sortiere sie in unterschiedliche Kisten. Oft kippe ich die Kisten nachher wieder aus und sortiere neu – aber ich nehme dabei jeden Gegenstand in die Hand und überprüfe ihn nach der Zugehörigkeit zu einer bestimmten Kategorie.

Die Teilnehmerinnen und Teilnehmer an einem Ritual kann man auch in verschiedene Kategorien einteilen. Da gibt es die Menschen, die im Alltagsleben genauso aussehen wie im Ritual. Dann gibt es Menschen, die sich für das Ritual »zurechtmachen« – Rüschenhemd und Schminke, riesiges Met-Horn und Thorshammer, Dolch und Ringe, Hut und langer Mantel. Alles das sind Formen von Verkleidungen, die aber auch für den Träger andeuten sollen, dass er in einen anderen Zustand eintritt. Dann gibt es Menschen, die im Ritual nicht anders aussehen als sonst, aber anders sind. Ich kann das nicht beschreiben. Es ist so, als fiele etwas von ihnen ab; sie bewegen sich anders als außerhalb des Rituals. Diese Form ist mir die liebste, ich träume davon, sie damit zu verknüpfen, dass man »innen wie außen« im Ritual gleich aussieht, aber sich nicht gleicht.

Ich würde gerne eine Einladung zu einem Ritual lesen, die per Post und schön aufgemacht bei mir eintrifft. Eine Einladung, bei der ich nicht aus dem Kopf der Mail erkennen kann, wer noch eingeladen ist. Eine Einladung, in der ich etwas über das Fest erfahre und etwas über den Geist, der bei der Feier herrschen soll.

Außerdem würde ich gerne etwas über beide Seiten erfahren – die weltliche und die spirituelle. So wüsste ich gerne, was ich an Dingen (Getränken, Kleidung etc.) mitbringen soll. Und ich wüsste gerne, ob von mir etwas für das Ritual erwartet wird – sei es ein Gedicht, ein Zettel, den man in die Flammen wirft, ein Duftstoff oder Reis, Körperfarbe und Stelzen. Da hätte ich zumindest was zum Nachdenken – und sicherlich würde mir auch alles Blättern in esoterischen Büchern nicht helfen; ich müsste selbst nachdenken.

Zweitens: Magie und Rituale funktionieren am besten, wenn man sie tun lässt, was sie wollen.

Sollte das nicht möglich sein, muss man dafür sorgen, dass Magie tut, was man selbst will. Wenn das nicht geht, sollte man jemanden finden, der die Magie beherrscht, sodass die Magie tut, was dieser will. Der schlechteste Fall ist der, dass die Magie das tut, was keiner will. Dies geschieht, wenn alle nach ihr greifen (sodass sie nicht alleine fließt), aber keiner sie halten kann (sodass ihr Kurs unberechenbar wird).

Ich glaube, dass die Natur nichts ist, was neben unserem Weltbild steht, sondern in unser Weltbild verwoben ist. Die Natur ist Spiritualität, die Welt atmet Spiritualität, und Spiritualität ist mein beliebtestes Fenster zum Kosmos. Wenn ich also versuche, im Rahmen der Naturspiritualität Magie zu wirken (denn mehr als versuchen kann ich es nicht, ich habe immer noch keine Garantie dafür, dass mein Zauber funktioniert), dann versuche ich, die Magie an etwas möglichst Alltägliches zu koppeln. Diese Koppelung soll dafür sorgen, dass das geschieht, was gewollt wird, indem ich einen »Anker« verwende, der vertraut und verständlich ist.

Natürlich ist es schön und beeindruckend, wenn man bei einem Zauber einen Drachen visualisiert oder eine tanzende Fee. Sicherlich ist es aufregend, wenn man Kontakt zum kleinen Volk hat und seine Magie nur über Feen abwickelt. Aber unter uns – wie oft begegnet man am Tag oder in einer magischen Situation Drachen und Feen? Eher selten, oder?

Einer internen Berechnung in meinem Leben nach begegne ich Drachen und Feen seltener als (meinetwegen) Käsetheken, Zapfsäulen an Tankstellen, Müllwagenfahrern und Regenwolken. Also erscheint es mir wesentlich sinnvoller, meine Magie an Käsetheken oder Regenwolken zu binden als an Feen oder Drachen.

Ich will nicht missverstanden werden: Rituale mit der Anrufung von Feen oder Drachen sind etwas Wunderschönes, wenn sie funktionieren. Aber für meine Gedankenverbindung benutze ich lieber weltliche Dinge, weil ich die einfacher visualisieren kann als zum Beispiel Drachen.

Drittens: Rituale in der Naturspiritualität sind praktisch.

Die erste Überprüfung eines Rituals ist immer: »Hat es gewirkt?« Erst danach sollte man fragen, ob das Ritual sonst auch noch in Ordnung war. In anderen Worten: erst Pflicht, dann Kür.

Wie feiert man ein Ritual? Hier befindet man sich in einem eigenartigen Spannungsfeld zwischen »fester Regel« und »lockerem Rahmen«. Ein Ritual sollte einem bestimmten, wieder erkennbaren Muster folgen, wenn man es über einen längeren Zeitraum immer wieder mit denselben Personen feiert. Aber es sollte auch nicht in seinen Regeln erstarren, sondern lebendig bleiben. Kein Teil darf heilig und unveränderbar sein, aber kein Teil darf sich ständig ändern. Im Widerspruch dazu steht die Liturgie des Gottesdienstes der christlichen Kirchen. Hier sind bestimmte »Bausteine« des Ablaufs immer fest, während andere Bausteine wechseln. Aber es führt nicht dazu, dass der Gottesdienst »atmet«. Das Ritual jedoch muss leben, wenn es Energie transportieren soll.

Einen zwingenden Ablauf will ich nicht vorgeben. Ich kann einen Ablaufvorschlag machen, der sich für mich bewährt hat.

Als Erstes reinige ich mich. Das geht so weit, dass ich vor Ritualen einen Tag lang kein Fleisch esse. Kurz vor dem Ritual erde ich mich und versuche danach, einen »heiligen Raum« um mich zu schaffen – oder um die ganze Gruppe, wenn das vorher so abgesprochen wurde. Wenn jemand einen Kreis für die Gruppe zieht – gut. Wenn nicht, markiere ich mit dem Fuß um mich herum einen Kreis, der auf mich zugeschnitten und für mich gemacht ist. Das reicht aus, um mich zu schützen – ist aber nur sinnvoll, wenn jeder beschlossen hat, für sich selbst einen Kreis zu ziehen. Ein gemeinsamer Kreis, der von einem Kreiswächter gezogen wird, hat Vorteile.

Danach würde ich immer die vier Himmelsrichtungen anrufen. Die Zuteilung der Elemente (Feuer, Wasser, Erde, Luft) auf die vier Seiten mag willkürlich geschehen oder nach geheimnisvollen Regeln – wenn man sich an eine Vorgabe hält, gibt diese Vorgabe Sicherheit und einen Rahmen, in dem man problemlos agieren kann.

Nun kommt die Anrufung. Schön fand ich Starhawks Definition, die Geschichtenerzählen für das Herzstück des Rituals hält. Und das ist richtig. Nur wenn der Mythos als persönliche Geschichte erlebbar wird, nimmt er Platz in unserem Leben ein.

Erlebbare Geschichte? Wie soll das funktionieren? Die großen Themen der Welt kommen immer wieder, wenn auch in veränderter Form, im Lauf der Geschichte vor. Geburt, Tod, Angst, Hoffnung, Liebe, Hass, Krankheit, Schwangerschaft, Ehe/Partnerschaft usw. – das sind die großen Muster, die immer wieder auf dem Teppich der Weltgeschichte auftauchen. Und sie erscheinen auch – wenn auch vielleicht nicht alle oder alle für uns sichtbar – in unserem eigenen Lebensteppich. Es sind Themen, die für uns wichtig und interessant sind. Und diese Themen sollten wir anhand von spirituellen Mustern bearbeiten, und sei es nur, weil wir selbst spirituell sind. Ein Steinbruch von Bildern bietet sich an, den wir benutzen können. Unsere Märchen bieten genug Vorschläge für ein Ritual. Das Segnen von Türen und das Spucken auf die Schwelle, das Sprechen mit Tieren, das Anrufen von Wesen im Wald, das Tanzen auf einer Lichtung, das Vergraben von Schätzen – all das sind vertraute Bilder, die wir seit den Märchen unserer Kindheit kennen.

Selbst jemand, der noch nie ein Ritual durchgeführt hat, sollte sich selbst mit einem gezogenen Kreis schützen können. Er sollte sich vorstellen können, wie die vier Himmelsrichtungen um ihn herum liegen und ihn beschirmen. Er kann sich »Hänsel und Gretel« vorstellen als hoffnungsvolles Bild für ein Ende der Einsamkeit, oder »Zwerg Nase« als Hinweis darauf, dass auch Menschen, die ausgegrenzt werden, über Zauber und Fähigkeiten verfügen können. Suche dir selbst ein Bild und verwende es!

Wenn der Kreis gezogen ist und der Rahmen steht, folgt die Anrufung. Man ruft, wen auch immer man sprechen will – Gottheit, Tote, Natur. Man formuliert klar und präzise sein Anliegen und bietet ein Geschenk – oft sind symbolisch Brot und Wein oder etwas Salz und eine Räucherung Geschenk genug, weil sie Symbol für den Willen sind, sich zu ändern.

Danach wird das Ritual rückwärts wieder aufgelöst. Die Elemente werden verabschiedet etc., ganz am Ende wird der Kreis aufgehoben. Sehr empfehlen kann ich danach eine gemeinsame Feier mit etwas zu essen und zu trinken, bei der das Ritual in lockerem Rahmen ausklingt.

Viertens: Der Nutzen des Rituals muss größer sein als die Kosten.

Wenn ich für ein Ritual mehr bezahle (psychisch oder materiell), als ich aus ihm ziehe, dann ist es kein gutes Ritual. Selbiges gilt für Zauber.

Fünftens: Naturspiritualität soll Spaß machen.

Sie soll Tränen in die Augen treiben und die Lachmuskeln betätigen. Lachen befreit Energien, Lachen ist ein Zeichen an die Götter, dass wir noch leben. Wer Trauer herbeizaubert, der versündigt sich an der Schöpfung.

Sechstens: Magie ist wie Elektrizität eine Kraft, die weder gut noch böse oder weder gegenwärtig noch vergangen ist.

Beide gab es schon immer, beide wird es immer geben. Es sind die Nutzung und die Form, die Gestaltung geben. Analog zu »Nicht Waffen töten – Menschen töten!« könnte man das auch über Magie sagen. Magie kann töten, verletztzten oder verstümmeln. Sie kann aber auch Märchen flüstern, Winde zähmen, Tiere streicheln und Frauenherzen rühren.

Der eigene Zauber

Aufgabe Nr. 23

Eine einfache Einführung in ein Ritual ist die Reinigung der eigenen Wohnung oder des eigenen Arbeitsplatzes. Damit ist natürlich kein großer Putzangriff gemeint, sondern die spirituelle Reinigung.

Am einfachsten ist das, wenn man das mit etwas zum Räuchern oder einem anderen Medium verbindet, das einen angenehmen Geruch verströmt – das macht die spirituelle Reinigung auch zu einem sinnlichen Ereignis.

Bitte entwerfe anhand der eben genannten Punkte ein Ritual. Du solltest dir Gedanken machen, ob du jemanden dazu einladen willst. Wenn dir niemand einfällt oder niemand Zeit hat, dann lade dich selbst ein und feiere allein.

Überlege dir einen Anker, der für das Ritual gedacht ist. Im Fall einer Reinigung empfehle ich einen Geruchsstoff wie z. B. eine Räucherung.

Dann überlege dir einen Ablauf für das Ritual, also einen praktischen Teil. Das Thema steht fest, daher kann man bestimmte Teile schon beschreiben: ein Abschreiten der Wohnung oder des Arbeitsplatzes im Rahmen einer Anrufung, ein erklärtes Ziel (ich will meine Wohnung spirituell säubern) und ein klares Ende des Rituals (wenn alle Räume gereinigt sind).

Überschlafe deinen Ablauf, suche einen günstigen Termin (an dem du ungestört bist – Vollmondnächte oder -abende sind klassischen Tage, an denen so etwas am einfachsten ist) und führe dein Ritual durch. Wenn du am Arbeitsplatz nicht ungestört sein kannst, dann wähle deine Wohnung (in der Hoffnung, dass du hier ungestört bist).

Bitte: Schreibe nicht nur das Ritual nieder, sondern notiere auch, was dir im Nachhinein dazu einfällt.

Tönerne Grundlagen

Warum singen wir eigentlich so wenig? Warum ist die Naturspiritualität – von wenigen Ausnahmen abgesehen – so selten mit Musik verknüpft? Was hören Magier, wenn sie in ihren Türmen sitzen und über ihren Folianten brüten?

Es gibt viele Volkslieder, die man benutzen könnte. Aber die Distanz zu den Dingen, die man in der Schule gelernt hat, ist doch so groß, dass man nicht zu akzeptieren bereit ist, dass viele dieser Volkslieder magische oder mythische Wurzeln haben (zum Beispiel steht unter meinem »Bi-Ba-Butzemann« im Liederbuch, dass der Butzemann ein Hausgeist war …).

In der Fantasy gibt es einige Werke, die mich musikalisch ansprechen, weil sie mit Musik verknüpft sind. Die Sciencefiction und der Horror haben es da leichter, weil sie auf moderne Musik zurückgreifen können (die dem Leser bekannt sein dürfte).

Ich gebe zu, dass ich Musik sehr mag und mich von ihr beim Arbeiten unterstützen lasse. Dies ist aber sicherlich eine Geschmacksfrage, und über Geschmack kann man streiten. Wer also keinen Zugang zur Musik findet, der ist dadurch kein schlechterer Mensch.

Aber eine Menge Menschen lieben Musik, und Musik lässt sich auch sehr gut einsetzen, um sich in eine passende Stimmung zu bringen oder um ein Ritual vorzubereiten oder das Nachdenken zu unterstützen. Daher hier ein paar Hörtipps, die ich für »magisch« halte. Sie sind ohne Anspruch auf Vollständigkeit und ohne erzieherischen Anspruch. Das ist nur was für jene, die mir zu glauben bereit sind, dass Naturspiritualität etwas mit Musik zu tun hat. Was, das sollte man ruhig selbst ausprobieren ...

1. Carole King: »Tapestry«
2. T. Rex : »Cosmic Dancer«
3. Yma Sumac, besonders: »Legend of the Jivaro«
4. Al Stewart: »Year of the Cat«
5. Chris Evans und David Hanselmann: »Stonehenge«
6. Loudest Whisper: »Loudest Whisper 2«
7. Johnny Cash: »American IV: The Man Comes Around«
8. Achim Reichel: »Regenballade«
9. Macho Cane: »Eine Welt von einem Gott geteilt«
10. Gerhard Tersteegen: »Ich bete an die Macht der Liebe«
11. Zupfgeigenhansel: »Wenn's schneiet rote Rosen«
12. The Beatles: »Magical Mystery Tour«
13. David Essex: »Imperial Wizard«
14. Ougenweide: »Liederbuch«
15. Peter Tschaikowsky: »Nussknacker«

Aufgabe Nr. 24 **Musik**

Wie gesagt: Musik ist Geschmackssache. Daher ist dies eine freiwillige Übung – etwas für Menschen, die Musik mögen und gerne einsetzen.

Überlege dir eine Musik, ein Stück, einen Komponisten, eine Gruppe, die zu einem Ritual, einer besinnlichen Stunde oder einer Anrufung passen. Höre dir das Stück vorher an, damit du weißt, wie lang es ist. Passe dein Ritual bzw. deine Handlung der Länge des Stücks an. Benutze die Musik, um dich in Stimmung zu bringen, benutze das Musikstück aber auch, um dir in deinem Ritual eine Länge vorgeben zu lassen.

Die meisten klassischen Musikstücke sind so aufgebaut, dass man merkt, wenn sie sich dem Ende nähern. Bei moderner Musik kann man sich vorher merken, welche Strophe die letzte ist oder darauf warten, dass die Musik langsam leiser wird und endet.

Gehe mit der Musik und schreibe dir auf, was sie im Vergleich mit einem Ritual ohne Musik in dir verändert hat.

Danach kannst du dir in aller Ruhe überlegen, ob du Musik weiterhin in Ritualen einsetzen willst oder ob du darauf verzichtest. Wie gesagt: Es ist eine Geschmacksfrage.

Beschwörungen und Anrufungen

Es gibt einen Unterschied zwischen beiden Begriffen, den ich kurz erläutern will. Generell ist der Unterschied jener, dass man bei einer Beschwörung etwas ruft, das man beherrschen will, während man bei der Anrufung etwas ruft, mit dem man kommunizieren will.

Dies ist auch der grundsätzliche Unterschied zwischen einem Priester in einer Naturreligion und einem Magier. Ein Magier beeinflusst die Magie der Welt, zwingt ihr seinen Willen auf. Der Priester lässt die göttliche Energie durch sich fluten, er ist nicht zuständig für das Zustandekommen oder Binden der Energie – sie ist einfach da. Und er kann die Energie eigentlich nur durch sich hindurchleiten und versuchen, auf ihre Wirkung Einfluss zu nehmen – einen echten Einfluss hat er nicht.

Es ist auch der Unterschied zwischen bannen und überreden. Im einen Fall ist es die Auseinandersetzung zwischen der Energie und unserem Willen (ausgedrückt durch das Wort bannen, das Assoziationen an Bannkreis und Bann weckt), im anderen Fall ist es das Wort überreden, das eher einen Verhandlungscharakter zwischen der magischen Energie und dem Priester andeutet. Vielleicht ist es wirklich so – die Energie, welche der Priester beeinflussen kann, ist von ihm unabhängig. Sie hat eigene Werte und Ideen, verfügt über eine Art moralische Initiative. Der Einfluss des Priesters erstreckt sich also eher auf den Bereich vor der Anrufung, in dem er festlegt, welchen moralischen Vorstellungen er selbst anhängt. Dieser Überlegung folgt die Anrufung, welche – wenn richtig gewirkt – dazu führt, dass eine Energie/Entität/Wesenheit erscheint, welche die vorher formulierten Wertkriterien teilt.

Die Magie ist eine Energieform, die vom Magier beeinflusst werden kann. Der Einfluss des Magiers kann also gewirkt werden, ohne dass man sich vorher – in welche Richtung auch immer gehende – Gedanken über ein ethisches Konstrukt macht. Daher glaube ich, dass Ethik und Moral für den Magier wichtiger sind als für den Priester.

Aus diesem Grund, und um ein paar Bewertungsmaßstäbe einzuführen, die ich selbst für wichtig halte, hier meine eigene Vorschlagsliste für Grundregeln einer Beschäftigung mit Beschwörungen und Anrufungen:

1. Tu nur, was du wirklich willst, wenn du Magie wirkst. Finde heraus, was du willst, bevor du handelst.
2. Wenn du Leute verletzt, dann kann es sein, dass irgendjemand dir dafür Schaden zufügt. »Du kriegst dreifach zurück …« ist ein alter Sinnspruch der Naturspiritualität, der einen wahren Kern enthält.
3. Schutzbedürftige (Behinderte, Kinder etc.) sind tabu.
4. Tote sind tot. Was wir beschwören können, sind nur Schatten, Erinnerungen, Schemen – Finger weg vom richtigen Tod!
5. Halte deine Freundschaften.
6. Beeide nichts, dessen du dir nicht sicher bist. Tausche nur Blut, wenn du es wirklich willst.
7. Es gibt eine Gottheit.

Wie finde ich jemand, der mich ausbildet – und brauche ich ihn überhaupt?

Meine Ausbildung im Rahmen der Naturspiritualität halte ich für formal abgeschlossen. Ich weiß, dass ich trotzdem mein ganzes weiteres Leben mit Lernen verbringen werde. Aber das, was ich gebraucht habe, um einen bestimmten Status zu erreichen, das habe ich hinter mir. Ich bin nur ungern bereit, das in irgendwelche Schemata zu pressen – schon gar, weil es keine allgemein verbindlichen Richtlinien gibt, die es mir erlauben, mich mit wenigen Worten mit anderen in aller Kürze zu vergleichen.

Naturspiritualität, Wicca oder Magie sind keine akademischen Grade, bei denen man mehr oder weniger davon ausgehen kann, dass ein Doktor der Medizin landesweit ungefähr denselben Bildungsstand repräsentiert. Und bei vielen heidnischen Traditionen hat sich irgendwann einmal die Angewohnheit durchgesetzt, dass man immer wieder zusätzliche Ränge und Initiationen erfindet – was natürlich jede Vergleichbarkeit ausschließt.

Ich kümmere mich nicht darum, selbst jemanden auszubilden. Die Streitereien bei der Trennung von meinem Kreis sind mir noch zu frisch im Gedächtnis, als dass ich darüber nachdächte, mich selbst noch einmal in eine solche Situation zu begeben – obwohl ich damals die meisten Jahre Schüler war und jetzt Lehrer wäre. Nein, ich sehe im Moment auch niemanden in meiner Nähe, der geeignet wäre, von mir ausgebildet zu werden.

»Qualität statt Quantität!« wäre zwar ein schönes Motto, um das zu erklären, aber das ist leider nicht der Grund für meine mangelnde Ausbildungslust. Es liegt sicher auch daran, dass für mich eine Ausbildung eine enge, jahrelange Bindung an jemanden bedeutet, wenn nicht sogar – wie erwünscht – ein ganzes Leben lang. Wie lange habe ich es mit meiner Lehrerin ausgehalten? Über zehn Jahre, und ich werde sicherlich auch ungefähr dieselbe Zeit brauchen, um mich wieder von ihr zu lösen. Zwanzig Jahre meines Lebens sind ein fairer Preis für das, was ich gelernt habe – das heißt aber nicht, dass ich die Entscheidung, die ich für mich getroffen habe, auch für jeden anderen Menschen treffen könnte oder möchte.

Ich glaube weiterhin daran, dass neben einer magischen Fähigkeit auch menschliche Reife und Reifung nötig sind, wenn man sich mit Magie beschäftigt. Und diese Reife erlangt man nicht an einem Wochenende oder in drei Monaten, diese Reife braucht Zeit (ich erspare mir jetzt Wortspiele mit »Reife« und »reifen«!). Wenn ich mich an einen Glauben binden will, dann tue ich das, nachdem ich mir und den Meinen Zeit gelassen habe, darüber nachzudenken, was wir eigentlich wollen. »Drum prüfe, wer sich ewig bindet ...«, heißt es so schön im Volksmund. Und wenn ich schon vor einer Heirat lange nachdenken soll, wie lange muss ich dann vor etwas nachdenken, das mit Gottheiten zu tun hat? Länger, oder?

Natürlich steht es jedem frei, sich in ein Ausbildungsverhältnis zu begeben. Einige grundsätzliche Überlegungen möchte ich dazu formulieren.

Meiner Ansicht nach sollte die Zahl der Initiationen zwischen drei und fünf liegen – wobei es sich bei der ersten Weihe ruhig um eine leicht zu erreichende erste Stufe handeln kann, die die Teilnahme an Ritualen als Mitwirkender erlaubt, während die letzte Weihe erst nach langen Jahren erreicht werden kann und das Recht gibt, als Priesterin oder Priester zu wirken.

Abgesehen von der Zeit bis zur ersten Weihe, sollten alle anderen Initiationen mindestens ein Jahr und einen Tag auseinander liegen. Wenn die Abstände länger sind – gerne. Aber kürzere Abstände halte ich nicht für sinnvoll. Wenn eine Gruppe meint, dass sie aus bestimmten Gründen jemanden in seiner Ausbildung »zwangsbeschleunigen« sollte, muss sie sich darüber klar sein, dass sie damit eine große Verantwortung übernimmt – und dass sie wirklich bereit ist, diese Verantwortung für das Leben und Lernen eines anderen Menschen zu übernehmen!

Wir haben alle Zeit der Welt. Nimm sie dir, wenn du sie brauchst. Es ist nicht wichtig, wie andere Leute ausbilden oder ausgebildet werden. Du musst einen Weg finden, der für dich – den einzelnen Menschen oder die ganze Gruppe – richtig ist. Und diesen Weg musst du konsequent gehen. Und du wirst feststellen, dass die Menschen erkennen, dass es dir wirklich ernst ist. Und sie werden deine Bemühungen honorieren – wie auch die Gottheit Ernsthaftigkeit und festen Willen honoriert.

Nur, wer langsam reist, kann sich in aller Ruhe die Landschaft beschauen! Bleib stehen, rieche an den sprichwörtlichen magischen Blumen am Wegesrand – es lohnt sich!

Dies ist eine schwierige Aufgabe, weil ich aus der Distanz versuchen muss, dir bei etwas zu helfen, was ich am liebsten – wenn überhaupt – von Angesicht zu Angesicht tun würde.

Als Erstes musst du dir die Frage stellen, wo du stehst. Bist du am Anfang deines Weges, hast du schon einige Schritte hinter dir, oder glaubst du, dass du nur noch einige Kleinigkeiten vervollkommnen musst?

Überlege dir die Antwort gut, denn von ihr hängen die weiteren Schritte ab.

Stelle dir dein Leben als langsame Entwicklung im Rahmen der Naturspiritualität vor. Denke daran, dass du dein ganzes Leben lernen wirst, egal, welchen Grad, Titel oder Rang du erreicht hast (oder erreicht zu haben glaubst). Bist du jemand, der sucht und sich freuen würde, wenn ihm geholfen wird? Bist du jemand, der sich zutraut, einfache Techniken der Naturspiritualität durchzuführen? Willst du mit anderen zusammenarbeiten? Traust du dir zu, dass du andere bei dieser Tätigkeit anleitest? Denkst du, dass du weit genug bist, um für andere bestimmte Rituale – zum Beispiel eine Kindstaufe oder eine Hochzeit – durchzuführen? Traust du dir zu, ein Ritual in einer Gruppe anzuleiten, das heißt, den Ablauf zuvor zu planen, verantwortlich durchzuführen und nachzubereiten?

Im Grunde sind das die einzelnen Schritte, die man in einer Ausbildung durchläuft. Du musst für dich entscheiden, wo du dich befindest. Und überlege gut – die Entscheidung sollte man nicht an einem einzigen Nachmittag fällen.

Wenn du entschieden hast, was du suchst, ist es an dir, zu suchen. Willst du Hilfestellung erhalten, oder willst du Hilfestellung geben? Wenn du lieber alleine weitermachen willst, dann sind die folgenden Vorschläge für dich (noch) überflüssig.

Den Weg, auf dem du suchst, kann ich dir nicht vorgeben. Ich kann dir nur sagen, dass du über kurz oder lang finden wirst, was du suchst.

Wenn du gar nicht weiterweißt, ist ein Blick ins Internet (wo sich viele Gruppen und Einzelpersonen anbieten) sinnvoll. Auch ein Kauf von entsprechenden Zeitschriften im gut sortierten Zeitungshandel oder ein Aushang oder die Suche nach Aushängen im lokalen Esoterik-Laden kann weiterhelfen.

Vertraue deinem Bauch, wenn es darum geht, diese Entscheidung zu treffen. Wenn dir jemand unsympathisch ist oder dir eine Gruppe nicht gefällt – bleibe höflich, aber mache klar, dass ihr keinen gemeinsamen Weg vor euch habt. Wenn du erst nur anschauen willst, ohne richtig mitzumachen, dann tu das. Man wird dich finden, und du wirst jemand finden. Du hast Zeit.

Wie stelle ich die richtigen Fragen?

Es ist schwierig, Fragen zu beantworten, wenn Leute wirklich Antworten haben wollen. Wenn sie nicht nur Fragen stellen, um selbst etwas zu einem Thema anmerken zu können.

Das erinnert mich immer ein wenig an das Angeln ohne Köder. Man spürt den Gesprächshaken im Arm, aber man hat weder nach einem Wurm gebissen noch sich so heftig bewegt, dass man aus Versehen an den Haken gelangt sein könnte. Und dieser Haken steckt im Fleisch. Wenn man nicht unhöflich sein will, dann führt ein freundliches »Und wer bist du?« zu einem stundenlangen Monolog von der Jugend des Gesprächspartners bis hin zu den Minen von Moria, mit einem kleinen Seitenabstecher zum blauen Tor von Atlantis.

Mir geht es um jene Menschen, die wirklich Antworten suchen, die Fragen stellen, weil ihnen die Antworten wichtig sind. Und zwar meine Antworten, nicht ihre eigenen Antworten. Ich bin leider dem Phänomen noch nicht näher gekommen, warum Menschen Fragen stellen, auf die sie die Antwort selbst wissen. In Gesprächen, in denen man ernsthaft miteinander spricht, sollte man doch versuchen, Antworten auf Fragen zu erhalten, die man selbst nicht beantworten kann, oder?

Ich habe wirklich viele Gespräche geführt. Und im Laufe der Jahre wurden es mehr und mehr Frager, die nicht nur meine Antworten hören wollten, sondern auch anfingen, meine Antworten in Lebensregeln für sich selbst umzusetzen. Ich weiß nicht, wann mir diese Entwicklung zuerst auffiel. Auf jeden Fall weiß ich, dass ich die ersten weißen Haare in meinen Locken fand, als ich feststellte, dass ich nicht nur älter werde, sondern auch ein Alter erreicht habe, in dem Menschen eher bereit sind, meine Autorität anzuerkennen, als noch fünf Jahre zuvor.

Mir werden Fragen gestellt, und ich beantworte sie auch. Wenn ich der Ansicht bin, dass das Gespräch wirklich ernst gemeint ist, man ernsthafte Antworten von mir fordert und auch bereit ist, abzuwarten, bis ich nachgedacht und eine vernünftige Antwort formuliert habe, dann habe ich es mir angewöhnt, zwei kleine Kontrollen einzubauen, um für mich sicherzugehen, dass ich nicht völligen Unsinn erzähle.

Die erste Kontrolle ist die, dass es eine Frage sein sollte, die mir gestellt worden ist. Keine Frage, die ich für mein Gegenüber formuliert habe, keine Frage, die ich ihm in den Mund gelegt habe. Die Frage muss meinem Gegenüber wichtig sein, daher muss er sie selbst stellen, ganz gleich, wie viel Überwindung ihn das kosten mag.

Die zweite Kontrolle ist die, dass ich um Hilfe gebeten werden will. Das mag sehr arrogant klingen, aber ist es eigentlich nicht. Ich bin einfach zu oft gefragt worden, habe eine Antwort gegeben und durfte dann miterleben, wie der Mensch, der mich gefragt hat (und solche Fragestunden kosten mich nicht nur Zeit, sondern auch Kraft), wenige Minuten später an einem anderem »Guru« klebte und sich dieselbe Frage anders beantworten ließ.

Und ich will mir nicht noch einmal vorwerfen lassen, ich hätte bestimmte Ereignisse doch nur ausgelöst, weil ich unbedingt über ein bestimmtes Thema sprechen wollte. Oder ich hätte die Diskussion doch selbst gewollt, mein Gegenüber sei nur der Höflichkeit halber auf meinen gedanklichen Argumentationsstrang aufgesprungen.

Nein, das möchte ich nie wieder. Wenn jemand will, dass ich mir Gedanken mache, dann muss auch klar sein, wer Fragesteller und wer Beantwortender ist. Das soll nicht heißen, dass ich in solchen Gesprächen nichts lerne. Ganz im Gegenteil, ich lerne sehr viel bei der Beantwortung von Fragen. Aber die Rollenverteilung muss klar sein, damit ich mich richtig einlassen kann.

In persönlichen Gesprächen tue ich es nie (nun gut: selten), aber in Vorträge und Artikel habe ich eine dritte Kontrollmöglichkeit eingebaut. Ich habe Angst vor dem Tag, an dem Leute meinen Theorien nur folgen, weil sie von mir geäußert werden. Niemand geht davon aus, dass ein fähiger Konditor auch ein guter Kieferchirurg ist, aber die meisten Leute scheinen bei der Naturspiritualität zu vermuten, dass eine bestimmte Fähigkeit auf einem Gebiet auch gleichzeitig Fähigkeiten auf einem anderen Gebiet erzeugt oder bedingt.

Ich bin nicht fehlerfrei, und ich verstehe nicht alles, was um mich herum passiert. Deswegen baue ich ab und an »Realitätstests« in meine Werke ein. Ich sorge dafür, dass ich irgendeine These vertrete, die völlig hanebüchen ist. Oder ich vertrete einen unhaltbaren Standpunkt, schlage eine nicht tragfähige Gedankenbrücke oder mache ähnliche Dinge, um Widerspruch herauszufordern. Kommt der Widerspruch, dann bin ich sehr zufrieden. Kommt er nicht, dann mache ich mir Sorgen.

Ganz gleich, wie klug jemand ist, man sollte seine eigene Kritikfähigkeit nie abschalten. Es sind immer die Menschen, die am ehesten zu ihren eigenen Quellen stehen, die des Kaisers neue Kleider entlarven – oder Narren und Kinder, bei denen unser intellektueller Überbau nicht (oder nicht mehr) vorhanden ist.

Hören wir auf diese Narren, um unsere eigene Überheblichkeit in den Griff zu bekommen! Einen solchen oder ähnlichen Spruch könnte ich mir auf die Fahnen schreiben. Und natürlich kann ich ihn nur weiterempfehlen.

Eine Frage

Aufgabe Nr. 26

Eigentlich eine ganz einfache Aufgabe. Formuliere eine Frage, die dir jetzt und hier wichtig ist, auf die du aber keine Antwort weißt. Schreibe sie auf.

Nutze diese Frage und stelle sie Leuten, denen du eine Lösung zutraust. Wenn du eine Antwort erhalten hast, dann schreibe sie auf und formuliere die nächste Frage, mit der du genauso verfährst.

Höre nie zu fragen auf und höre nie auf, dir Antworten anzuhören, wenn du die Frage selbst gestellt hast! Noch einmal: Naturspiritualität heißt lebenslanges Lernen.

Die Mächte der Naturspiritualität

Starhawk schrieb einmal, dass es vier traditionelle Mächte des Magiers gebe. Diese Beschreibung kann man für die Naturspiritualität übernehmen. Die vier Mächte sind nach ihr die Fähigkeiten, zu wissen, zu wollen, zu wagen und zu schweigen (aus: »Mit Hexenmacht die Welt verändern«).

Der Mensch, der sich mit Naturspiritualität beschäftigt, muss ein Verlangen nach Wissen in sich spüren. Nur, wer die Grenzen der eigenen Welt überschreitet, wer immer wissen will, was hinter dem Horizont liegt, der trägt in sich den Funken, der ihn zum vollwertigen Menschen machen kann. Wissen an sich ist eine Belohnung, die sich von der Neugier nicht wenig unterscheidet – doch während die Neugier immer neu gefordert werden muss und immer neue Ziele sucht, kann das Wissen sich aus sich selbst erweitern. Die Aussage »Ich denke, also bin ich« führt – wenn man sie konsequent weiterdenkt – zur Erkenntnis.

Man muss aber auch Dinge wollen. Der Wille ist Grundlage jeder magischen Ausbildung, jeder ernsthaften Beschäftigung mit der Naturspiritualität. Nur ein starker Wille kann Dinge ignorieren, nur ein starker Wille kann Dinge beherrschen und nur ein starker Wille kann funktionieren, wenn das ganze Universum Stein um Stein auf den Weg zu werfen scheint, der die Straße zur Erkenntnis bildet. Es scheint, als gäbe es ein Naturgesetz, das die Suche nach der Erkenntnis nur unter Schwierigkeiten zulässt – und diese Schwierigkeiten sind es, die durch unseren Willen bezwungen werden müssen.

Die Fähigkeit, etwas zu wagen, der Mut, ein Wagnis einzugehen, ist notwendig, denn beim Weg der Naturspiritualität muss man viele Male die Grenzen seiner eigenen Erfahrung überschreiten; Dinge tun, vor denen man Angst hat. Die eigenen Ängste sind nur dann keine Einfalltore mehr für Bedrohungen von außen, wenn man sie besiegt oder zumindest zu kontrollieren gelernt hat. Nur der, der Dinge tut, obwohl sie gefährlich sind, wird seine Antworten erhalten.

»Fools rush in where angels fear to tread« (Bob Dylan nach Alexander Pope): Wo selbst Engel zu gehen fürchten, laufen die Narren hin. Unsere menschliche Ignoranz führt dazu, dass wir manchmal Dinge wagen, die keiner sonst wagen würde – und wir obsiegen trotzdem.

Die Fähigkeit zu schweigen ist für mich die schwierigste der vier Gaben. Jeder, der mich kennt, wird jetzt leise lachen. Nein, meine Schwierigkeit liegt nicht nur darin, dass ich geschwätzig bin. Man kann über Dinge schweigen und trotzdem andauernd reden. Das Problem beim Schweigen ist, dass man manchmal Dinge nicht erklärt, weil man weiß, dass jemand etwas lernen muss und dies nicht lernt, wenn man vorher alles erklärt. Manchmal muss man schweigen, weil es Informationen gibt, die man nicht weitergeben darf oder soll. Und manchmal, ganz selten, ist es die Kraft im Schweigen, die einem die nötige Kraft gibt, etwas zu tun.

Bei vielen Ritualen wird am Anfang und am Ende gesprochen. Dazwischen ist das Schweigen. Und dieses Schweigen lässt die Natur um uns herum laut werden. Wir können auf einmal hören, wie die Welt um uns herum das Schweigen zu füllen scheint. Manche hören Harfen, andere Sphärenklänge, wieder andere den Wind in den Bäumen oder das Wispern der Geister. Was ich höre – nun, darüber will ich heute schweigen.

Das völlig überschätzte Duell in der Magie

Es gibt sie immer wieder: Gerüchte über magische Duelle oder magische Auseinandersetzungen zwischen verschiedenen Menschen oder Gruppen.

Alle meine oben geschilderten Grundannahmen über Naturspiritualität widersprechen völlig der Ansicht, dass man mit ihr anderen Menschen Schaden zufügen könnte, ohne selbst dafür teuer bezahlen zu müssen.

Es geht bei dem Duell meiner Ansicht nach um etwas anderes: um die Beweisführung der eigenen Wichtigkeit, die in diesem Fall eine doppelte ist.

Erstens kann man belegen, dass man überhaupt angegriffen wird. Herr Schulz von gegenüber braucht nicht zu befürchten, dass die Dogon ihn wegen seiner Aussagen über die Sirius-Passagen aus der Ferne am schwarzen Fleckfieber sterben lassen. Ich hingegen werde natürlich andauernd von Geheimkulten, deren pure namentliche Erwähnung weniger ausgebildeten Magiern die Zunge im Mund verdorren lassen würde, bedroht, weil ich eben wichtig bin. Aber natürlich überstehe ich diese Angriffe, weil ich auch von der Bruderschaft der weißen Hand, den Töchtern der Revolution und den illuminierten Sehern von Luxemburg beschützt werde.

Und der zweite Effekt, der sofort auftritt, ist das »Klingenschärfen«. Ab und an sollte man sich einen Schwächeanfall gönnen, gegen die Brüstung taumeln, mit der Hand über die schweißige Stirn wischen und leise – aber hörbar murmeln: »Ach, diese Atlanter!« Oder sich bei Vollmond mitten im Ritual ans Herz fassen und »Die alte Wunde« wispern. Der Effekt ist eindeutig. Natürlich hat man auch leiden müssen, um das zu werden, was man ist. Man hat Verletzungen hingenommen, Wunden, Kämpfe knapp überlebt und neue Kampftechniken erlernt, die man nur ungern weitergibt.

Beide Effekte sind anscheinend wichtig, weil sie die eigene soziale Wichtigkeit in magischen Kreisen heben.

Aber das allein ist es nicht. Es gibt noch einen dritten Effekt. Und dieser dritte Effekt ist meiner Ansicht nach der beste. Und ich erkenne im Laufe der Jahre stärker, dass viele Magier, die Effekt 1 und 2 benutzen, eigentlich nur sicher sein wollen, dass man ihnen Effekt 3 glaubt, wenn sie ihn anwenden. Wenn der nächste ungebetene Gast wegen einer Ausbildung oder Lernstunden anklopft, dann verweist man einfach darauf, dass das alles »viel zu gefährlich« sei. Am besten ist es, wenn man dann den Pulli hochzieht, die Blinddarmnarbe zeigt und nur leise »20-fach gefalteter Stahl, Stonehenge, 1982« sagt. Dann sollte man sich umdrehen und gehen.

Ganz ehrlich: Allein deswegen ertrage ich bei meinen Kollegen Effekt 1 und Effekt 2.

Aber ganz im Ernst: Ich glaube nicht an diese Geschichten. Sie sind ein wenig wie das Vorführen von Bildern des eigenen Hauses, wenn man nach 10 oder 20 Jahren auf ein Klassentreffen geht. Wirklich überprüfen kann doch keiner, wie hier aufgetrumpft wird – oder?

Duell

Aufgabe Nr. 27

Erst erkläre ich, Duelle in der Naturspiritualität seien Unfug – und jetzt folgt eine Aufgabe zu diesem Thema?

Nein, ich will noch einmal unterstreichen, dass ich den Gedanken, Menschen zu schaden, in stärkstem Gegensatz zu allem sehe, was ich über Naturspiritualität erklärt habe.

Bitte nimm nicht einfach hin, was ich von dir als Grundansicht verlange. Überlege dir selbst drei Gründe, warum ein Angriff auf einen Menschen Grundlagen dessen widerspricht, was ich über das Thema erklärt habe. Schreibe sie nieder. Und behalte sie im Gedächtnis. Bitte.

Wie nenne ich mich und die Meinen?

Es ist schwierig, dem, was ich im Bereich der Naturspiritualität tue, einen kurzen und griffigen Namen zu geben. Andere Kollegen behängen sich mit Titeln – sei das jetzt »Exorzist«, »Feng-Shui-Fachmann«, »Reiki-Meister«, »Magier« oder »Herr der dunklen Künste«. Auch fremde Sprachen werden gerne benutzt, um sich selbst mit einer Bezeichnung zu versehen.

Das Einzige, was ich bieten kann, ist eine obskure Wortkombination, die aus dem Lateinischen stammt: Homo Magi. Sie sagt nicht viel mehr aus als »magischer Mensch«. Ich war immer schon kein Freund von Etikettierungen, und daher bin ich stets verzweifelt bemüht, mir die Aufkleber vom Revers zu ziehen –

was mich aber nicht daran hindert, anderen Leuten voller Freude selbst Aufkleber an das Revers zu heften, wenn sie anfangen, mich Gruppen zuzuteilen.

Nein, ich kann keine Kurzbeschreibung liefern. Aber ich kann dir eine Geschichte erzählen. Diese Antwort ist nur auf mich zutreffend. Namen haben Macht, deswegen sollte man sich lange überlegen, welchen Namen man wählt und welche Bezeichnung man für sich selbst aussucht und zulässt.

Es gab mal ein kleines Dorf mit etwa zwanzig oder dreißig Hütten. Dieses Dorf hatte ein großes Problem: Ein gewaltiger Teil seiner Ernte, das größte Schlachttier des Dorfes und mindestens ein Heuschober wurden jedes Jahr ein Opfer eines großen, roten Drachens, der immer zum Erntedankfest aus dem Himmel auf das Dorf herunterstieß und sich seine Gaben holte. Die Dorfbewohner wussten nicht, wie sie das Problem bekämpfen sollten. Doch sie hatten über das Jahr hinweg etwas Geld zurückgelegt. Und mit diesem Geld stellten sie sich vor den Schulzen des Dorfes und baten ihn, sich um Rettung zu kümmern.

Dieser Schulze nun wusste, dass dem Drachen nur mit Magie zu begegnen war. Und so musste er sich mit den beiden einzigen Quellen für magische Hilfe auseinander setzen, die es in seiner Nähe gab. Er holte Erkundigungen ein, und schon nach wenigen Tagen wusste er, zwischen welchen Angeboten er sich entscheiden konnte.

In jeweils etwa vier Tagesreisen Entfernung vom Dorf gab es im Norden und im Süden einen Magier. Beide waren vom selben Meister ausgebildet worden, beide waren ungefähr gleich alt und galten als gleich mächtig.

Der eine von beiden lebte an der Küste eines Meeres. Er bewohnte einen hohen, fast fensterlosen Steinturm, sicherlich höher als fünf Männer, die aufeinander stehen. Er lebte dort fernab jeder menschlichen Niederlassung am Ende der Straße, die zur

Küste führte. Und doch berichteten Schiffer und Schäfer, dass sie ihn gesehen hätten. Sie berichteten von bunten Lichtern, die nachts aus den Fenstern des obersten Stockwerks drangen. Sie sprachen von farbigen Flammen, die manchmal aus der Spitze des Turmes schossen. Sie sprachen von eigenartigem blauem Feuer, das sich manchmal über dem Dach des Turms zu schlängeln schien.

Dieser Magier war weder unfreundlich noch unhöflich, er suchte nur die Gesellschaft der Menschen nicht. Für eine rechte Bezahlung war er bereit, den Menschen zu helfen.

Der andere Magier lebte im Inneren des Landes. Sein Haus stand am Rande einer kleinen Siedlung. Doch in seinem Haus war er selten anzutreffen. Tagsüber saß er – soweit das Wetter es zuließ – in seinem Garten und las oder bearbeitete sein Blumenbeet, das neben den bekannten Blumen auch einige exotische Blumen von strengem Geruch und seltener Farbe beherbergte.

Abends war er oft im kleinen Gasthaus des Ortes anzutreffen. Dort trafen sich die Arbeiter nach der Feldarbeit, aber auch einige Schreiber und Händler aus der nahen Stadt machten Station auf ihren Reisen durch das Land. Der Magier saß dort, trank, redete, sang oder spielte Karten. Man sah ihn nur selten zaubern. Manchmal erfreute er die Kinder mit kleinen Kunststückchen, oder er heilte eine Kuh oder bezauberte einen Acker, mehr Frucht zu geben.

Auch er war für eine angemessene Zahlung bereit, Aufträge anzunehmen.

Wenn du der Vogt des kleinen Ortes wärest, der sich gegen den Drachen zu erwehren hat – welchen der beiden Magier würdest du wählen?

Und, mal ehrlich: Ist eine solche Geschichte nicht besser als ein Titel oder eine Bezeichnung, die doch nur leer ist ohne das gelebte Beispiel?

Aufgabe Nr. 28 Namen sind nur Schall und Rauch

Namen sind wichtig und voller Macht, und sie sind auch Tand und Schall und Rauch. Trotzdem solltest du dir einen Namen geben, der das bezeichnet, was du bist und sein willst.

Wenn du mit deinem Geburtsnamen zufrieden bist, dann ist das völlig in Ordnung. Manchmal hat man Glück, und der Name, der von den Eltern mitgegeben wird, drückt das aus, was man ist oder sein will. Manchmal hat man auch Pech, nicht jeder Name passt zu dem, was man im Laufe der Jahre geworden ist.

Solltest du dich entschieden haben, in einer oder mit einer Gruppe zu arbeiten, so stellt sich die Frage, ob diese Gruppe einen Namen hat beziehungsweise braucht. In diesem Fall darfst du dir zwei Namen überlegen – einen für dich und einen für die Gruppe.

Dein eigener Name ist der wichtigere. Wenn du ihn auch in Ritualen benutzen willst, dann sollte er aussprechbar sein und dich so charakterisieren, dass du dich unter diesem Namen erkennst. Er sollte nicht zu lustig sein (obwohl Gelächter gut für die Naturspiritualität ist, sollte man den eigenen Namen aussprechen können, ohne sich lachend zu verhaspeln) und nicht unverständlich.

Setze dich vor dein Buch und schreibe auf, was dir an Namen einfällt. Lasse sie klingen, schreibe sie nieder, aber sage sie auch laut auf. Singe sie, wiederhole sie, baue sie in Sätze ein, um herauszufinden, ob sie auch in normaler Sprache funktionieren. Lass dir Zeit.

Wenn du meinst, einen Namen gefunden zu haben, dann verbringe einen Tag und eine Nacht mit dem Versuch, dich mit diesem Namen zu verbinden. Verwende diesen Namen, wenn du dir selbst Aufgaben stellst – »Soundso wird jetzt das Ritual vorbereiten«, »Soundso wird jetzt in Ruhe seinen/ihren Kelch reinigen« und so weiter.

Wenn das einen Tag und eine Nacht lang funktioniert hat, dann ist der Name gut für dich.

Es gibt keine heilige Regel, dass man später seinen Namen nicht doch ändern kann. Es gibt einschneidende Ereignisse im Leben, die es sogar nötig machen, den Namen zu ändern. Aber für den Anfang würde ich es dir nicht empfehlen. Namen sind machtvolle Dinge, und sie mögen es nicht, wenn man sie zu schnell ablegt.

Naturspiritualität heißt lebenslanges Lernen

Lebenslanges Lernen – da denkt man unwillkürlich an Rentner auf den Bänken von Hörsälen, an Mittfünfziger in Esoterikseminaren und Greise im Yoga-Kurs. Natürlich ist das ein Teil der Intention. Aber ein anderer Teil der Zielrichtung ist es auch, gerade jüngere Menschen dazu zu bewegen, ihr Leben und ihren Horizont immer stärker zu erweitern.

Natürlich geht das über die institutionalisierten Kanäle. Man kann die örtliche Volkshochschule besuchen, an Fernlehrgängen teilnehmen, in einem Verein aktiv sein und so weiter. Dazu kommen praktische Dinge wie Koch- oder Schreibmaschinenkurse, die alle Erkenntnisse in gesellschaftlich sanktionierten Bereichen vermitteln.

Die Kanäle außerhalb der normalen, bürgerlichen Welt wären beispielsweise Veranstaltungen des nächsten Esoterik-Buchladens, Esoterik-Börsen oder einfach Diskussionsgruppen, in denen gemeinsam über Themen gesprochen wird. Man kann für eine Sitzung ein Buch vorgeben, über das man reden will, oder ein Rahmenthema, zu dem sich jeder äußern sollte. Auch dies sind gängige Wege des Lernens.

Aber den Menschen, die sich mit Naturspiritualität beschäftigen, steht ein weiterer Weg offen. Wir können uns selbst als

Lehrer genügen. Das ist ein eigenartiger Satz, ich weiß. Aber ist es nicht so, dass wir daran glauben, dass die Natur in bestimmtem Maße beseelt ist? Und warum kümmern wir uns dann nicht stärker um sie?

Wir nehmen viel zu viele Dinge als gegeben hin, versuchen nicht mehr, über sie etwas zu erfahren. Wir graben unsere Spuren immer tiefer in den Sand der Zeit und verlernen es dabei, die vorgegebenen Bahnen zu verlassen. Wir fahren den Karren unseres Lebens immer weiter in den Dreck, weil wir die Bahnen nicht verlassen können, die uns so geläufig sind. Nur, wer lernt, bleibt geistig beweglich.

Es ist gar nicht so schwer, zu versuchen, im Leben Fragen zu beantworten und etwas über die eigene Umwelt zu erfahren. Wage doch einmal das Experiment: Bevor du abends einschläfst, überlegst du dir bitte, was du im Verlauf dieses Tages Neues über die Welt gelernt hast. Weißt du jetzt den Vornamen der netten Verkäuferin in der Bäckerei? Kennst du jetzt den Fahrplan für die Buslinie, die in das Erholungsgebiet fährt? Weißt du jetzt, wozu der lustige Schaltknopf im Auto deines Vaters dient? Weißt du, welcher Nationalität der neue Schuhmacher ist? Weißt du, was eine Kugel Eis im nächsten Sommer kosten wird?

Das Lernen muss sich nicht um Themen drehen, die heilig und spirituell wichtig sind. Lernen heißt, dass man immer eine gewisse geistige Beweglichkeit bewahrt und Neuem gegenüber aufgeschlossen ist.

Aufgabe Nr. 29 Fragen lernen

Versuche, mehr über die Welt zu erfahren. Stelle Fragen, beobachte, lies, schau Filme, unterhalte dich mit Menschen, gehe in Museen und so weiter. Wenn du wirklich nicht weißt, was du im Laufe eines Tages gelernt haben könntest – hier kommen zwölf Fragen, die du in den nächsten Tagen beantworten kannst. Dann hast du etwas gelernt (wenn auch nach meinen Richtlinien – aber es sollte dir nicht schwer fallen, mit dieser Anregung eigene Fragen zu entwerfen oder deine Freunde zu bitten, dir Fragen zu stellen, wenn dir ein Teil meiner Fragen oder alle Fragen nicht liegen).

Eine Woche Zeit sollte für die Antworten ausreichen. Noch einmal: Die Fragen und die Antworten müssen weder heilig noch spirituell sein. Wichtig ist nur, dass sie zum Nachdenken anregen.

1. Wie schmeckt Banane mit Erdnussbutter?
2. Gibt es sexuelle Praktiken, die dein Partner/deine Partnerin aus prinzipiellen Gründen ablehnt?
3. Gibt es Nahrungsmittel, die du vor oder nach einem Ritual nicht verträgst?
4. Hat sich das Wahlverhalten deiner Eltern bei den letzten Bundestagswahlen verändert?
5. Auf welchen Friedhöfen liegen jene drei Toten deiner Familie, mit denen du am engsten verwandt bist?
6. Wie fühlt es sich an, ohne Gummihandschuhe den Syphon eines Waschbeckens zu reinigen?
7. Wie lange dauert es, bis ein Eiswürfel in deinem Bauchnabel schmilzt?
8. Weißt du, wie es riecht, wenn du deine Wohnung mit Vanille räucherst?
9. Wann hat dir das letzte Mal eine Person, mit der du nicht zusammen bist, gesagt, dass er/sie dich liebt?
10. Welches Stück von den Beatles oder welches klassische Musikstück steht am ehesten für Naturspiritualität?
11. Gibt es ein Gedicht, dass du komplett auswendig kannst?
12. Wenn die Welt von Außerirdischen vernichtet wird, es sei denn, du erzählst ihnen einen guten Witz – welchen Witz würdest du erzählen?

Ist die Zukunft wirklich im Fluss?

Du kennst das Gefühl sicherlich auch, das man allgemein mit »Déjà-vu« umschreibt. Du erlebst eine Szene und hast das untrügliche Gefühl, das alles schon einmal erlebt zu haben. Doch du weißt nicht, woher diese Information kommt und wo du diese Szene schon einmal erlebt haben willst.

Manchmal weiß man darum, dass das Gegenüber gleich dieses oder jenes sagen oder tun wird – aber man kann nicht eingreifen, ist gefangen im Zauber des Augenblicks und dem Déjà-vu hilflos ausgeliefert. Eigentlich klingt das wie ein brillanter Zauber – man kann jemanden dadurch in seiner Aktivität lähmen, dass man ihm geringe Ausblicke auf die nähere Zukunft gibt ...

Was ist die Wurzel dieser Erfahrungen? Einbildung oder die einfache Wahrscheinlichkeit wären Erklärungen. Wir werden im Leben mit so vielen Erfahrungen konfrontiert, dass sich bestimmte Bilder und Situationen einfach irgendwann wiederholen müssen – und es ist an uns, dies ohne mystisches Beiwerk als das abzutun, was es ist: Zufall. Doch so einfach sind wir Menschen nicht bereit, uns überzeugen zu lassen.

Das Déjà-vu geht uns deswegen so nahe, weil es uns den Eindruck vermittelt, als könne man die Zukunft vorhersagen. Seitdem die Menschen Zivilisationen bilden, versuchen sie mit unterschiedlichen Methoden und Techniken, den Schleier zu lüften, der über der Zukunft liegt. Seherinnen und Seher wollen mit unterschiedlichsten Methoden erkennen, was kommen wird. Der Erfolg ist eher strittig. Selbst große Propheten – Nostradamus ist ein Name, der in diesem Zusammenhang immer wieder genannt wird – haben höchstens ein Gerüst der Zukunft geliefert, das mit ungeordneten Voraussagen behangen ist, die man dann nach dem Eintreten des Ereignisses wahlweise zuordnen kann.

Eine schöne Theorie ist, dass wir denselben Zeitablauf bei jedem Zyklus des Universums erneut erleben. Das Déjà-vu wäre also nichts anderes als ein Überrest aus einer früheren Version unserer Geschichte, der unvermutet auftaucht und in unser Bewusstsein eindringt. Eine nette Theorie, doch leider leugnet sie die Möglichkeit des freien Willens.

Interessanterweise wird das Déjà-vu zwar immer wieder in Romanen geschildert, aber in der theoretischen Magie nicht oder kaum beschrieben oder benutzt. Kann man in die Zukunft blicken und diese Fähigkeit vielleicht mit Effekten nutzen, die jenen des Déjà-vu ähneln? Wie wäre es, wenn man immer einen Moment in die Zukunft blicken könnte? Abgesehen von der Verwirrung, die dies für unsere Sinne bedeutete (immerhin würden sich in der Wahrnehmung Gegenwart und Zukunft überlagern), wäre es doch faszinierend, wenn man immer einige Sekunden vorher wüsste, was passieren kann. Aber das wäre natürlich nur sinnvoll, wenn man beeinflussen kann, was man sieht.

Und da sind wir auch schon beim großen Problem des Déjà-vu angekommen. Man sieht hier zwar etwas, bevor es passiert, bzw. hat das Gefühl, dass man weiß, was jetzt passieren wird – aber das Ergebnis der klaren Sicht hinter die Vorgänge der Zeit bleibt ohne Konsequenz, weil man die Information nicht nutzen kann.

Ist das nicht schlimmer, als überhaupt nichts zu sehen?

Gibt es so etwas wie Besessenheit wirklich?

Dieses Thema hat mit der Naturspiritualität wenig zu tun, wird aber von außen immer wieder mit dem Themenkreis Magie-Naturspiritualität-Esoterik in Verbindung gebracht. Alleine deswegen hat es eine Behandlung verdient.

Ich kann nur hoffen, dass sich niemand mit einem so geschmacklosen Thema wie »Besessenheit« als Betroffener auseinander setzen muss. Besessen, das hat etwas damit zu tun, dass jemand anders von uns Besitz ergreift. Und wir Naturspirituelle sind Menschen, die großen Wert auf die Freiheit des eigenen Geistes legen. Und wenn wir diese Freiheit dadurch verlieren, dass jemand oder etwas von uns Besitz ergreift, dann ist die mindeste Regung das Gefühl der Beschmutzung, die extremste Regung dürfte die aus Erschrecken oder Abwehr resultierende Abwendung von naturspirituellen Fragestellungen und Praktiken sein.

Ich halte Besessenheit eher für ein psychiatrisches denn ein naturspirituelles Problem. Egal, wie lange die Besessenheit gedauert haben soll oder wie viele Zeugen es dafür gibt: Wir haben so viele Dinge in uns, die von uns Besitz ergreifen können, dass wir keine Übernahme von außen brauchen. Viele Fälle, in denen man sich beklemmt, bedroht oder angegriffen fühlt, haben andere Ursachen als eine bevorstehende oder drohende Besessenheit.

Um was geht es aber bei der magischen Besessenheit? Die »klassischen Fälle« sind das magische Eingreifen gegen einen Übernahmeversuch, der das Ziel hat, einen Menschen zu besitzen, also die Verteidigung des eigenen Selbst gegen eine solche Attacke oder die Befreiung eines Menschen von einer (möglichst erst kurzzeitig wirkenden) Besessenheit.

Wie erkenne ich Besessenheit? Ehrlich gesagt: Ich habe hier leider keine »Handbuchlösung« anzubieten. Menschen, die Dinge tun, die sie normalerweise nicht tun, sind vielleicht krank, verliebt oder unter extremer Anspannung. Und ich sollte mir auch in solchen Momenten ruhig überlegen, ob die beobachtete Besessenheit nicht vielleicht nur in meiner Wahrnehmung vorliegt. Bevor ich von »dämonischer Besessenheit« etc. spreche, muss ich sicher sein, dass ich sehe und nicht halluziniere. Jemanden der Besessenheit zu beschuldigen, der nicht besessen ist, oder gar jemand von Besessenheit zu heilen, der nicht besessen ist – das ist wohl das Dümmste (und Gefährlichste!), was man tun kann.

Es birgt Gefahren für beide Seiten in sich. Und damit meine ich nicht nur die Gefahr, sich schrecklich lächerlich zu machen.

Noch einmal: Wie erkenne ich Besessenheit? Besessenheit ist – ganz grob – nach der gängigen Beschreibung das Eindringen eines fremden Willens in jemand anders mit dem Ziel, diesem den fremden Willen aufzudrücken. Besessenheit äußert sich also durch Verlust des eigenen Willens.

Noch einmal: Dieses Gefühl wird meiner Ansicht nach nicht durch übersinnliche Elemente ausgelöst, sondern hat psychische Gründe. Aber ich kann ein paar Hinweise geben, wie man dieses Gefühl der Beklemmung auflöst.

Der Widerstand (wirklich: widerstehen) muss auf drei Ebenen stattfinden. Meine Punkte sind Hinweise, keine Anweisungen! Es geht nicht darum, eine »echte« Besessenheit zu lösen, sondern es geht darum, ein Gefühl der Beklemmung oder Bedrohung zu beseitigen, das sich eingestellt hat, während man sich mit naturspirituellen Dingen beschäftigte.

Die erste Ebene des Widerstands ist physisch. Öffne das Fenster und lass Luft ein oder entzünde angenehmes Räucherwerk. Sorge für angenehmes Licht, das nicht schläfrig macht. Singe oder lege Musik auf, die belebt. Beiß in eine Zitrone oder trinke einen Schnaps oder lutsche ein Stück Ingwer. Bewege dich, stampfe mit den Füßen, rolle mit den Schultern, strecke die Finger. Atme ruhig und gleichmäßig, bis das Gefühl verschwunden ist.

Die zweite Ebene des Widerstands ist geistig. Mache dir klar, dass du nicht übernommen werden willst; überzeuge dich davon, dass es nichts gibt, was du fürchten musst. Denke an Dinge, die nur dich etwas angehen, und schöpfe Kraft und Wut daraus, dass diese Erinnerungen nur dir gehören und nur du entscheidest, ob und wann du sie von dir gibst. Denke daran, dass deine Seele göttlich und unzerstörbar ist. Erinnere dich an Momente, die dich stark gemacht haben. Konzentriere dich auf etwas

Schönes, das du tun willst, wenn der »Übernahmeversuch« gescheitert ist. Tu dieses Schöne dann aber auch wirklich, wenn es so weit ist.

Die dritte Ebene des Widerstands ist dann naturspirituell. Ziehe einen Kreis um dich. Verneige dich kurz in die vier Himmelsrichtungen und bitte die Mächte der vier Elemente (oder wen auch immer) um Hilfe. Stelle dir vor, dass dein Geist durch farbige Bänder mit anderen Menschen verbunden ist. Fühle (ja, fühle), welches Band dich mit dem verbindet, der dich beeinflussen will. Stelle dir eine flammende Klinge vor und durchschneide mit einem Schlag dieses Band.

Bete und bitte Gottheit, Engel, Dämonen oder wen du auch immer für dich als zuständig betrachtest um Hilfe.

Danach: Komme zur Ruhe. Wenn du etwas als Bedrohung empfindest, dann ist es eine Bedrohung. Dein Gefühl entscheidet, nicht eine Theorie über die Natur der Bedrohung. Besessenheit ist eines von den Dingen, die »das Universum« nicht gutheißt. Hilfe wird kommen, wenn du daran glaubst, nur kommt sie vielleicht aus einer unerwarteten Richtung.

Aufgabe Nr. 30 Sicherheit

Du hast es vielleicht gemerkt: Es ging um (Selbst-)Sicherheit, weniger um Besessenheit. Aber hätte ich über Sicherheit gesprochen, du hättest es vielleicht überlesen, oder?

Es gibt Momente, in denen man in dem, was man tut, unsicher wird. Sind die Dinge, die ich fühle oder wahrnehme, wirklich vorhanden? Sind die Störungen von einer höheren Macht geschickt worden, oder ist es einfach nur der normale Verlauf des Lebens, der mich an der Ausübung bestimmter Riten hindert? Dafür sind die Tipps, die ich gegeben habe: Um sich erst einmal zu »erden«, sich zur Ruhe zu bringen, bevor man sich ruhig Gedanken darüber macht, was geschehen ist. Es wird nicht um Besessenheit gehen, aber jede Störung, jede Angst haben einen Grund. Diesen kann man erst suchen und konfrontieren, wenn man sich zuvor beruhigt hat. Dafür waren meine Übungen gedacht.

6. Reine Techniken

Visualisierung

In der Naturspiritualität haben wir es oft mit Dingen zu tun, die wir nicht sehen können. Drachen und Elfen erscheinen den wenigsten Menschen als sichtbare Objekte, warum sollte es uns anders gehen?

Auf den ersten Blick mag das eigenartig klingen. Ich verlange hier eindeutig die Wahrnehmung von Dingen, die normale Menschen nicht sehen oder sich vorstellen können. Ist das nicht der erste Schritt, um langsam, aber sicher der Realitätsflucht zu verfallen?

Nein. Die meisten Menschen glauben an Dinge, die sie nicht sehen können, und tun so, als seien diese fest gefügte Objekte. »Freiheit« und »Grundrechte« sind Begriffe, an die wir glauben, die wir aber nicht fassen können. Genauso ist es mit »Liebe« oder »Geduld«. Das sind Gefühle oder Ansichten, keine festen Dinge. Und können wir uns nicht auch an unser Kinderzimmer erinnern, die Grundschule, an Gebäude, die es so (oder nicht in dieser Form) gar nicht mehr gibt? Wir können sie in unserer Erinnerung wachrufen wie den Geruch in Omas Küche oder das Parfüm unserer ersten Liebe. Es sind Bilder, die nicht mehr real sind (weil sie in der echten Welt nicht mehr existieren), die aber trotzdem Macht über uns haben und mit gewissen Erinnerungen verknüpft sind.

Unsere Erinnerung, unser Denken verknüpfen oft verschiedene Sinneseindrücke miteinander. Wir riechen etwas, schließen die Lider und haben ein Bild vor dem inneren Auge. Wir hören eine bestimmte Melodie, und der dazugehörende Film der Erinnerung läuft im Kopf ab. Die Visualisierung ist eine Technik, die ohne unterstützende Sinneswahrnehmung nur durch die Kraft der Phantasie Dinge entstehen lässt.

Visualisierung ist also die Technik, sich etwas vor das innere Auge zu rufen und ihm damit Gestalt zu geben. Ich möchte verschiedene Stufen der Visualisierung unterscheiden und versuchen, von Stufe zu Stufe das Vorgehen hin zur Visualisierung in der Naturspiritualität zu erklären.

Die erste Stufe ist die, die ich eben schon beschrieben habe. Sinneswahrnehmungen wie Geruch oder Gehör führen dazu, dass uns Bilder vor das innere Auge gerufen werden, die wir aber in diesem Moment nicht wirklich sehen. Wir werden erinnert, und diese Erinnerung produziert in uns ein Bild. Diese Stufe geschieht unbewusst, erfordert keine willentliche Tätigkeit.

Die zweite Stufe ist die Vorstellungskraft, die sich zu der Fähigkeit der ersten Stufe gesellt. Wir denken dann bei einem bestimmten Geruch nicht länger an das letzte Treffen mit unserer Partnerin/unserem Partner, sondern wir verfallen in Phantasien, wie das nächste Treffen aussehen könnte. Beim Geschmack eines bestimmten Kuchens denken wir nicht nur daran, wie der letzte Geburtstag war, sondern wir überlegen auch, wie die nächste Feier aussehen könnte. Beim Weinen am offenen Grab denken wir nicht nur an diese Beerdigung oder an die letzte Beerdigung, sondern der salzige Geschmack auf den Lippen lässt uns darüber nachgrübeln, wer als Nächstes sterben könnte.

Wir haben dann schon einen weiteren Schritt hin zur richtigen Visualisierung hinter uns. Denn die Phantasie entwickelt vorhandene Informationen und Sinnenswahrnehmungen weiter, sie hilft uns, zukünftige Entwicklungen zu planen oder zu erahnen, sodass wir aus bekannten Versatzstücken eine zukünftige Entwicklung heraus projizieren und visualisieren.

In der dritten Stufe geht es darum, die Visualisierung zu lenken. Dabei werden begleitende Sinneseindrücke (wie Geruch oder Musik) benutzt, die diese Lenkung unterstützen. Das Ziel ist, die Fähigkeit der Visualisierung zu stärken, ohne klare Aufgaben mit den Bildern zu verknüpfen, die man hervorruft. Dies ist eine spielerische Tätigkeit, die noch nichts mit Ritualen oder Magie zu tun hat.

Die vierte Stufe verzichtet auf die begleitenden Sinneswahrnehmungen der dritten Stufe. Außerdem soll die Wahrnehmung des visualisierten Objekts verbessert werden.

Die fünfte Stufe ist die, in der wir in der Lage sind, in einem Ritual auf diese Fähigkeit zurückzugreifen. Jetzt kommt noch die Anspannung hinzu, dass wir wissen, dass wir uns in einem Ritual befinden, das heißt, dass wir uns dem Druck aussetzen, dass von unserem Erfolg bestimmte Dinge abhängen.

Die folgende Aufgabe bietet weiterführende Informationen zu den einzelnen Stufen und soll versuchen, diese am praktischen Beispiel zu erklären.

Aufgabe Nr. 31 Das innere Auge

Wir wollen gemeinsam versuchen, die Stufen der Visualisierung durchzuführen. Ich gebe hier keine Zeit vor, weil schwer einzuschätzen ist, wie lange solche Erinnerungssequenzen sind. Lasse sie einfach geschehen und gönne dir die Zeit dafür! Die meisten Menschen können besser visualisieren, wenn sie die Augen geschlossen halten und das betrachten, was für sie auf der Innenseite der Lider erscheint – Bilder im Kopf. Wer dann immer noch Schwierigkeiten mit dem einfallenden Licht hat, sollte sich ein Tuch über die Augen legen oder eine Sonnenbrille aufsetzen.

Die erste Stufe hatte ich als unwillentlich beschrieben. Sie ist eine Erfahrung, die jeder kennen dürfte – Erinnerungen werden durch Reize wachgerufen. Versuche dich also an eine solche

Erinnerung zu erinnern, die durch Reize wachgerufen wird. Welcher Geruch, welcher Ton, welche Melodie erinnern dich an etwas? Schreibe auf, welche Dinge mit welchen Erinnerungen verknüpft sind.

Die zweite Stufe ist das Hinzutreten der Vorstellungskraft. Sie ist der Ausbau der ersten Stufe. Auf den Dingen aufbauend, die du dir zur ersten Stufe aufgeschrieben hast, sollst du bekannte Visualisierungen der ersten Stufe weiterdenken. Verändere einzelne Bestandteile, ändere die Umgebung, die beteiligten Personen. Spiele mit den Elementen deiner Visualisierung!

Bitte notiere dir, was dir auffällt.

Bei der dritten Stufe geht es darum, begleitende Sinneseindrücke zu nutzen, die die Visualisierung unterstützen. Wähle ein Musikstück aus, das dich entspannt. Zusätzlich verwendest du am besten noch eine angenehme Duftnote, die du im Zimmer (oder wo auch immer du diese Stufe ausprobierst) verbreitest.

Du brauchst Ruhe für diese Art der Visualisierung, weil die Bilder, die erzeugt werden, nur von dem geleitet werden sollen, was wir an Sinnesinformationen vorgeben. Du solltest ungestört sein, weil jede Störung einfach weitere Sinneswahrnehmungen »liefert«, die dich ablenken können.

Du solltest versuchen, dir in dieser Phase ein bestimmtes Objekt vorzustellen. Am einfachsten ist es natürlich, wenn du die begleitenden Sinneswahrnehmungen (Musik etc.) thematisch passend wählst. Wenn du dich also auf eine grüne Wiese versetzen willst, dann solltest du Gerüche wählen, die dich an Frühling oder Sommer erinnern, und entsprechende Musik aussuchen.

Stelle dir einen Gegenstand vor deinem inneren Auge vor. Schau dir das Objekt genau an. Wie sieht es aus? Welche Farbe hat es? Kann man es bewegen, drehen beziehungsweise sich darum herum begeben und es von allen Seiten anschauen? Wie sieht es bei vollem Licht aus, wie am frühen Morgen, wie am späten Abend? Kannst du es dir in Bewegung vorstellen oder im Schatten? Kannst du die eigene Perspektive verändern, also in die Knie gehen oder dich vom Objekt entfernen, während du es betrachtest?

Du solltest eine Weile lang damit herumspielen, bis du sicher bist, dass es funktioniert. Bei der nächsten Übung solltest du ein anderes Objekt aussuchen und visualisieren.

Wiederhole diese Übung so oft, bis es dir leicht fällt, einen gedachten Gegenstand aus verschiedenen Perspektiven zu betrachten.

Bei der vierten Stufe musst du ohne Musik oder Ähnliches auskommen. Du bist allein, immer noch am besten ungestört, und widmest dich ganz der Visualisierung. Ruhiges Atmen, eine gewisse körperliche Entspanntheit und einige Stunden Ruhe sind hier sehr hilfreich. Die frühen Morgenstunden sind für diese Arbeit meiner Erfahrung nach am sinnvollsten.

Wieder geht es darum, dass du dir einen Gegenstand vorstellst. Weiterhin geht es darum, sich diesen Gegenstand so konkret wie möglich vorzustellen. Doch jetzt solltest du versuchen, ihn nicht nur zu betrachten, sondern auch zu berühren. Wie fühlt er sich an? Ist er warm oder kalt? Rau oder glatt? Liegt er angenehm auf der Haut oder in der Hand, ist er metallisch kalt oder kuschelig warm? Ist seine Oberfläche angenehm pelzig oder schuppig und rau?

Die Vorstellung, dass der Gegenstand sich bewegt, führt bald dazu, dass du dir den Gegenstand oder die Sache (es kann auch ein lebendes Objekt sein, das du visualisierst) in einer Art kleinem »Film« vorstellst. Ein Bewegungsablauf, eine Sequenz, in der du dich näherst oder entfernst, in der sich die Lichtverhältnisse ändern oder einfach nur Zeit vergeht.

Bei der fünften und letzten Stufe geht es um die Anwendung der Technik der Visualisierung in einem naturspirituellen Zusammenhang, also einem Ritual und Ähnlichem.

Viele Menschen haben Angst vor Dingen, die sie unter Beobachtung tun müssen. Ein Ritual ist, gerade wenn man in einem Kreis arbeitet, etwas, das man vor anderen Menschen durchführt. Der Druck, dem wir uns selbst aussetzen, führt dazu, dass wir Fehler machen. Eigentlich ist das überflüssig. Ein Ritual ist der sicherste Ort, um etwas zu visualisieren. Wenn die Vorbereitung gelaufen ist, das Ritual erst einmal in Gang ist, gibt es wenige Orte, an denen eine Visualisierung einfacher sein dürfte. Spirituell befindet man sich genau an seinem Mittelpunkt, an jenem Ort, an dem die eigenen Kräfte am besten wirken. Der Rest ist nur unsere Nervosität, die unsere Gedanken immer wieder abwandern lässt.

Die Visualisierung ist an diesem Punkt abhängig von einer Fokussierung auf das gewünschte Objekt. Was will ich sehen, was will ich erreichen? Möchte ich zu einem Wesen sprechen, dann sollte ich es mir vor meinem inneren Auge vorstellen. Möchte ich jemandem helfen? Dann sollte ich an ihn und an meinen Wunsch denken. Möchte ich etwas erfahren? Dann sollte ich die Umstände meiner Frage, meines Anliegens vor meinem inneren Auge aufbauen. Die Visualisierung ist ein Werkzeug, das uns hilft, jenseits des gesprochenen Wortes Dinge zu vermitteln. Und sie hilft, unsere Wünsche und Ideen zu fokussieren, um ihnen Macht zu verleihen.

Rufen und befehlen

Man kann in der Naturspiritualität etwas rufen, aber man kann den Dingen, die man ruft, nichts befehlen. Man liefert sich also dem aus, was man ruft, weil man keine Kontrolle über es hat. Natürlich kann man sich jederzeit einbilden, dass man zum Beispiel einen Drachen ruft und ihm Befehle erteilt. Ich halte nichts davon.

Etwas rufen heißt in diesem Zusammenhang nur, dass man lauter spricht. Man macht sich verständlich, fordert, bittet, ruft an – aber man erteilt niemandem Kommandos, die er befolgen muss.

Die Natur ist beseelt von Wesenheiten, die viel mächtiger sind als wir Menschen. Warum sollten sie auf unsere Befehle hören? Vielleicht sind sie gutwillig und hören unseren Wunsch an, dass sie erscheinen mögen – mehr auch nicht.

Im Gegensatz zum Zauberlehrling, der das, was er beschworen hatte, nicht kontrollieren konnte, kommen wir nie in diese Verlegenheit, weil wir nichts beschwören, um darüber Macht zu erhalten. Macht und Naturspiritualität sind – was die Macht über andere betrifft – Widersprüche. Ich kann nicht an die Spiritualität von Dingen und Wesenheiten glauben, wenn ich versuche, sie zu lenken und zu beherrschen.

Ich kann im Rahmen der Naturspiritualität sozusagen nur Empfehlungen geben. Ich würde mich natürlich freuen, wenn das passiert, was ich mir wünsche, aber ich kann es nicht erzwingen. Von daher widersteht das, was ich hier beschreibe, auch der Möglichkeit des Beweises. Da ich nie letztendliche Kontrolle über das erhalte, was ich anrufe, kann ich es auch nie zwingen. Der Vorführeffekt greift natürlich dann, wenn man etwas anruft, nur um anderen zu zeigen, dass etwas auf die Anrufung reagieren muss. Ich würde auch nicht reagieren, wenn man mich nur ruft, um damit zu zeigen, dass man Macht über mich ausübt!

Im Ritual geht es darum, Dinge anzurufen, von denen man sich Antworten oder Hilfe erhofft. Wichtig ist noch einmal, dass diese Anrufung davon ausgeht, dass die »andere Seite« uns freundlich gesonnen ist. Mit Gewalt oder Kontrolle, mit Herrschaft oder Macht hat das nichts zu tun!

Eine solche Anrufung kann sehr unterschiedlich aussehen. Alle Dinge haben einen Namen, aber nicht immer ist uns der

Name bekannt. Ob ein Baum eine Eiche ist (was sehr genau seine Art bezeichnen mag) oder ich ihn »Eisenmann« nenne (weil die Eiche so aussieht) oder ihr einen anderen Namen gebe – ist es der richtige Name, den ich nenne, oder nur eine Bezeichnung, die ich gewählt habe? Ist mein Name etwas, das ich mir gewählt habe, oder nur eine Bezeichnung, die ich verwende?

Um etwas anzurufen, muss man zuvor überlegen, wie man es nennen will. »Gottheit« oder »Göttin« alleine sind schöne Bezeichnungen, aber es sind keine Namen. Wenn ich etwas rufe, möchte ich, dass nur das Wesen reagiert, das ich gerufen habe. Wenn mir kein Name einfällt, der passend wäre (und die Mythologie gibt hier eine reiche Auswahl an Namen vor!), dann sollte ich es mit Beschreibungen versuchen. »Herr der Wälder« oder »Mutter der Schöpfung« klingt sicherlich schöner als einfach nur ein »Göttin« oder »Du« in einer Anrufung.

Und eine Anrufung sollte poetisch sein. Ich verlange kein Gedicht oder einen epischen Vortrag, aber die Anrufung sollte sich schon durch Stil und Sprache vom normalen Satz unterscheiden, den man einfach auf der Straße benutzt, um jemanden anzusprechen. Die Sprache sollte klingen, sollte singen, sollte Magie enthalten.

Anregungen können die deutschen Gedichte der Romantik geben, wenn man sich in ein Wortgefühl einlesen möchte. Aber auch die meisten modernen Bücher über Heidentum enthalten Anleitungen für Anrufungen, die zum Teil sehr schön formuliert sind. Hier gilt, dass man dem eigenen Geschmack folgen sollte, um herauszufinden, was sprachlich liegt und was nicht gefällt. Man muss ja nachher auch zu seinen Worten stehen, es ist daher wichtig, dass man nicht nur Vorgaben vom Blatt liest, sondern eine Sprache verwendet, die einem selbst auch liegt und gefällt.

Anrufungen sollten verständlich gesprochen werden. Wem das nicht liegt, der kann sich zuvor hinsetzen und sie laut üben. Man muss keine weit tragende Opernstimme haben, um eine Anrufung durchzuführen. Die Wesen, die wir anrufen, lachen nicht, wenn wir stottern, uns verhaspeln oder eine hohe Fistelstimme haben. Die Stimme ist einem mitgegeben. Aber man kann an seiner Aussprache arbeiten, kann durch das Rezitieren Sicherheit und ein Gefühl für den Sprachrhythmus gewinnen.

Aus dem Englischen kennen wir das Wort »chanten«, das beschreibt, wie man solche Anrufungen durchführen kann. Das tägliche Sprechen hat unsere Stimme nur geschult, um mit Menschen zu sprechen. Jetzt geht es aber um Wesenheiten, die angesprochen werden wollen. Und während das normale Sprechen oft ohne größere Betonung und ohne einen gewissen »Klang« auskommt, ist es hier – und nicht nur der Stimmung wegen – wichtig, dass man versucht, aus den eigenen Möglichkeiten so viel wie möglich herauszuholen.

Die eigene Stimme ist wie ein Instrument, das man ausreizen kann. Nur, wer ausprobiert hat, was seine Stimme leistet, der wird wissen, wie sehr sich die normale Unterhaltung von einer Anrufung unterscheiden kann.

Es gibt noch weitere Möglichkeiten, etwas an der Sprache und am Vortrag zu arbeiten. Man kann Namen singen, man kann Gedichte auswendig aufsagen, man kann bestimmte Floskeln immer wieder verwenden, um in ihnen sicher zu werden und eine gewisse Vertrautheit mit dem Text herzustellen.

Texte, die man auswendig lernt, kann man deutlich sicherer präsentieren, als wenn man sie vom Blatt abliest. Wer trotzdem abliest, der sollte dafür sorgen, dass der Text gut lesbar ist, und sich vielleicht vorher Markierungen anbringen, um sich zu notieren, wann Atempausen eingelegt werden, wo eine Pause angebracht wäre oder welche Stellen man betonen möchte.

Ich halte nichts davon, einfach Computerausdrucke zu kopieren und im Ritual zu verteilen. Es ist irgendwie unpassend, etwas so Profanes für ein Ritual zu verwenden. Schönes Papier, eine saubere Handschrift, vielleicht eine Textrolle mit einem

Band darum – das sind doch Dinge, die eine feierliche Stimmung unterstützen und die mit ein wenig Vorbereitung einfach zu erstellen sind.

Anrufen

Aufgabe Nr. 32

Ich möchte, dass du eine eigene Anrufung vorbereitest, vom ersten Schritt bis zur tatsächlichen Durchführung.

Einige Fragen gilt es daher vorher zu klären, die du bitte der Reihe nach beantwortest. Nimm dir Zeit und schreibe nieder, was du entschieden hast.

Wen oder was willst du anrufen?

Wie heißt er/sie/es (für dich)?

Was willst du von ihm oder ihr?

Möchtest du allein sein, oder möchtest du andere Menschen beteiligen?

Wenn ja: Sollen diese anderen Menschen auch Sprechtexte haben, oder sollen sie dir nur assistieren/helfen oder dich einfach nur begleiten?

Wenn du diese Fragen beantwortet hast, folgen die inhaltlichen Fragen: Wie lang soll die Anrufung sein? Wie viel Text soll sie enthalten?

Und dann wirst du nicht umhinkommen, dir einen Text zu überlegen, der zu deinen Vorgaben passt. Es soll dein Text sein, deine Anrufung. Du kannst dir gerne Anregung und Inspiration holen, doch solltest du es tunlichst vermeiden, andere Texte einfach zu kopieren. Verändere sie, variiere sie, überarbeite sie – aber verwende nicht einfach Texte, die andere Menschen für andere Wünsche an andere Wesenheiten geschrieben haben, um sie auf dich zu übertragen.

Du musst kein Autor und kein Dichter sein, um diesen Text zu erstellen. Wenn er zu persönlich ist, dann führe deine Anrufung allein durch. Dann kann dich kein Mensch hören, und du kannst

»frei von der Leber« reden, ohne dass du dir Gedanken über Zuhörer machen musst.

Du hast alle Zeit der Welt. Dein Text ist fertig, wenn er fertig ist. Lies ihn laut, singe ihn, trällere ihn, sag ihn auswendig auf, so weit du kannst. Mach ihn zu deinem eigenen Text und nimm ihn in dich auf, damit er nach außen wirken kann.

Und dann tue, was du geplant hast. Wann und wo du willst. Aber tue es und notiere in deinem Buch, was dabei passiert.

Festhalten und loslassen können

Unsere Gesellschaft ist viel zu sehr damit beschäftigt, Dinge zu sammeln. Wir werden zum Konsum angehalten – durch das Fernsehen, durch das Radio, durch die Werbung auf Plakatwänden und Litfaßsäulen. Wir sollen essen, trinken und rauchen, um unsere oralen Bedürfnisse zu befriedigen. Unsere Wohnungen müssen immer edler und kostspieliger eingerichtet sein, unsere Autos immer schneller und größer. Wenn wir Freizeit haben, dann sollen wir in dieser Freizeit möglichst weit und exklusiv verreisen oder Tätigkeiten nachgehen, die teuer sind und Konsum verlangen.

Unser Lebensstandard ist deutlich höher als der der Menschen vor 10, 20 oder gar 50 Jahren. So lassen sich zum Beispiel Fernseher und Kühlschrank aus den meisten Wohnungen nicht mehr wegdenken.

Wir sammeln alles Mögliche. Nicht nur Nahrungsmittel oder Kleidungsstücke, sondern zahlreiche Sachen des täglichen Lebens. Der »Messie« ist der Endpunkt einer Entwicklung, in der nichts mehr weggeworfen, sondern alles in der eigenen Wohnung gesammelt wird – bis die Wohnung zum Slum wird.

Und wie viele andere Dinge horten wir noch! Bierdeckel, Coladosen, Puppen, Figuren aus Überraschungseiern, alte Knöpfe,

CDs, alte Computer, Videos und DVDs und so weiter und so fort. Der Berg unserer Besitztümer wird immer höher, bis er umzukippen und uns zu erschlagen droht.

Und an unseren Körpern merken wir, wie schwer es auf einmal wird, loszulassen. Entweder nehmen wir zu und schaffen uns so einen Ring aus Fett und Fleisch um unsere Seele, oder wir umbinden die Seele mit eisernen Bändern, die verhindern sollen, dass wir uns von Dingen trennen.

Wenn jemand stirbt, dann fällt es uns schwer, ihn loszulassen. Niemand verlangt, dass wir Dinge, die wir lieben, mit ins Grab werfen. Aber wir sollten in der Lage sein, uns zu trennen, etwas gehen zu lassen, das gestorben ist. Dinge, deren Zeit gekommen ist, verlassen unsere Welt. Das ist auch gut so. Doch in unseren Krankenhäusern hängen Menschen an Maschinen, weil wir es nicht schaffen, sie in Würde in die andere Welt gehen zu lassen. Ist das wirklich die Art von Leben, die wir uns wünschen, wenn wir alt oder siech geworden sind?

Ist es die Lebensweise, die wir uns für uns selbst wünschen? Ist es das, was wir tief in unserem Herzen möchten? Ich glaube nicht.

Wenn wir etwas ändern wollen, dann müssen wir lernen, Dinge loszulassen. Und erst, wenn wir das können, dann können wir auch lernen, generell loszulassen. Loslassen, das ist eine weitere Stufe auf dem Weg zur Naturspiritualität. Kann ich Schokolade oder den Fernseher oder Tabak oder Kaffee oder meine Sammlung loslassen? Oder hänge ich schon so sehr an ihnen, dass ich mich nicht mehr von ihnen trennen kann?

Erst, wenn ich loslassen kann, kann ich mich von meinem Los lösen. Vorher nicht.

Und wenn ich etwas loslassen kann, mich von etwas trenne, dann schaffe ich in meinem Leben Raum für etwas Neues. Ich gebe Raum, damit andere Dinge (wichtige, angenehmere Dinge?) diesen Raum füllen können.

Ein letzter Faktor spielt eine Rolle: Nur wenn ich mich von etwas trenne, bin ich in der Lage, auch einen Preis für etwas zu zahlen. Ich lasse etwas sein, um damit meine Bereitschaft zur Änderung zu zeigen.

Die Naturspiritualität ist ein Ziel, dem man sich verschreibt, ein Weg, dem man folgt. Dieser Weg führt zu einem selbst bestimmten Leben, hin zu mehr Zufriedenheit und Glück. Aber diese Zufriedenheit und dieses Glück können sehr wohl einen Preis haben. Man muss sich darauf einlassen können, dass man an einem bestimmten Zeitpunkt seines Lebens etwas verlieren wird, was einem bis dahin teuer war. Vielleicht ist es ein Freund, der den Weg nicht mitgehen kann und der nun zur Last und Bürde wird, anstatt einfach nur ein Freund zu sein. Vielleicht ist es die Wohnung, die auf einmal den eigenen Ansprüchen nicht mehr genügt. Sie ist vielleicht groß und geräumig, aber fühlt sie sich auch richtig an? Vielleicht sind es auch Hobbys, die ich mir aneigne und für die ich andere Dinge dann liegen lassen muss.

Wichtig ist, dass dieses Loslassen als etwas Gutes begriffen wird. Ich kann mich nur ändern, wenn ich ab und an die alte Haut abstreife, die mich einengt und an meiner weiteren Entwicklung hindert. Tue ich das nicht, so bin ich eingeengt und kann mich nicht verändern.

Aufgabe Nr. 33 **Was kann ich lassen?**

Erstelle bitte eine Liste von Dingen, die dir wichtig sind, die du aber (los)lassen würdest, wenn du dadurch ausgeglichener, ruhiger und spiritueller wirst.

Erstelle ebenso eine Liste von Dingen, bei denen von dir verlangt wird, das du sie loslässt – weil deine Familie es so will, weil dein Arbeitgeber es von dir fordert, weil dein Partner/deine Partnerin das möchte.

Überlege dir jetzt bei jedem Punkt der Listen, ob das für dich gut wäre, das zu tun oder zu lassen. Überlege dir auch, wofür diese Dinge stehen. Sind sie Ablenkung und Hobby oder Sammeltrieb und eher Last? Sind sie freudig und schön, oder machst du sie einfach aus Gewohnheit weiter?

Ich kann und werde dich nicht überreden, etwas in deinem Leben zu ändern. Das ist deine Entscheidung. Aber ich kann dich bitten, dir ein paar Tage Zeit zu lassen und die Liste ein paar Mal durchzugehen.

Die Anregung ist von mir, die Entscheidung liegt aber ganz allein bei dir.

Mit den Augen und der Seele die Welt erkennen

Wenn man einfach die Straße entlangschlendert, sich nicht viele Gedanken macht, wo man hingeht, und so Schritt nach Schritt macht – dann entwickelt man ein ganz anderes Gefühl für die Stadt und ihre Häuser.

Beim Gehen bemerkt man Dinge, die nicht auffallen, wenn man mit dem Auto vorbeifährt. An einem stählernen Zaun zu einem fast völlig verwahrlosten Vorgarten fehlen die Spitzen, die immer ein wenig aussehen wie die Spitzen von Speeren. Wer stiehlt so etwas? Das alte Haus aus den Anfangsjahren des 20. Jahrhunderts ist unter den Balkonen mit stilisierten Zunftzeichen geschmückt. Wer mag hier früher gewohnt haben? Ein Steinmetz oder ein Zimmermann?

Oft können Buchstaben am Giebel einen Hinweis auf den Namen des Erbauers oder des Auftraggebers geben. Manchmal kann man auch – wenn man sich die Zeit nimmt – erkennen, dass die Buchstaben nicht etwa in das Blattwerk übergehen, sondern dass sich die Schrift durch die Blätter hindurchzieht und sehr wohl einen ganzen Satz bildet, den man nur erkennt, wenn man die Geduld aufbringt, die Buchstaben einzeln aus dem Dickicht herauszusuchen.

Die Häuser sehen einfach anders aus, wenn man sie aus der Perspektive des Fußgängers betrachtet. Aber das ist verständlich. Die Erbauer dieser Häuser wussten nichts vom Kommen des Automobils, wussten nichts von Menschen, die an Häusern nur noch vorbeifahren und ihnen hastige Blicke zuwerfen. Wir fahren mit den unterschiedlichsten Verkehrsmitteln durch Straßen, deren Häuser für die Blicke von Passanten gedacht waren, die Schritt für Schritt gemächlich an ihnen vorbeigehen.

Wenn man sich Häuser anschaut, die in den letzten 20 Jahren gebaut wurden, merkt man relativ schnell, dass ihre Fassaden viel langweiliger sind als die Fassaden der älteren Häuser. Sie haben sich dem Stil angepasst, bieten keine Haken mehr für das Auge und sind ideal dafür, dass man sie mit einem schnellen Fahrzeug passiert. Ich glaube zwar, dass wir durch diese Selbstbeschneidung etwas verlieren – aber scheinbar tauschen wir Mobilität und Geschwindigkeit gegen einen Reichtum an Sinneseindrücken ein.

Manche Tausche, die wir machen, um in einer »modernen Gesellschaft« leben zu können, sind eigentlich Selbstbetrug. Wer die Bilder und Formen, die uns die Häuser einer Stadt bieten, nicht lesen kann, wer nicht erkennen kann, was die Umwelt, in der er lebt, ihm zu sagen hat, der ist blind für eine Vielzahl von Informationen, die unser Bild der Welt abrunden sollten.

Was habe ich davon, dass ich schnell von einem Ort zu einem anderen Ort komme, wenn ich nie richtig in einem der Orte bin, sondern immer nur zwischen beiden?

Was für unser normales Leben gilt, das wir jeden Tag mit Arbeit, Familie und Freizeit füllen, gilt verstärkt noch für unsere Beschäftigung mit der Naturspiritualität. Egal, welche Welten wir erkunden, wenn wir uns mit Naturspiritualität beschäftigen – wir müssen sie mit all unseren Sinnen und in Ruhe erfassen, sonst sind die Bilder, die wir empfangen, verschenkt.

»Man sieht nur mit dem Herzen gut« ist ein Zitat, das für Gefühle richtig ist. Bei der Naturspiritualität würde ich die Seele einsetzen wollen, mit der wir die Welt erkennen sollen.

Naturspiritualität hat etwas mit »zulassen« zu tun. Wir lassen zu, dass wir uns Kräften und Mächten öffnen, die außerhalb unserer normalen Welt stehen. Wir erlauben, dass die Mystik der Welt auf uns Einfluss nimmt. Wir fangen an, mit mehr als nur den Augen zu sehen. Wir erkennen, dass hinter der Fassade der normalen Welt eine andere Welt schlummert, die voller Macht und Phantasie ist.

»Unter dem Pflaster liegt der Strand« ist ein Schlagwort, dass ich unterschreiben würde. Aber auch hinter den Fassaden nisten Drachen, in der Kanalisation wohnen Trolle, im Wald schläft eine Feenfamilie. Wir müssen die Welt wieder mit Zauber füllen, wenn wir sie verbessern wollen. Die Naturspiritualität ist ein Weg, der in diese Richtung führt.

Erkennen

Aufgabe Nr. 34

Den ganzen Tag betrachtest du die Welt mit deinen Augen. Versuche jetzt einmal einen anderen Ansatz: Verwende deine Seele, deine Gefühle, deine anderen Sinne.

Die Aufgabe sieht folgendermaßen aus:

1. Suche dir einen Zeitpunkt aus, an dem du allein bist. Verbinde deine Augen oder schließe sie richtig fest (wenn du sicher bist, dass du nicht schummelst). Erkunde deine Wohnung nur mit dem Hör-, Tast- und Geruchssinn. Berühre die Türen, streiche die Tür- und Fensterrahmen entlang. Spüre den Luftzug des undichten Fensters und den Geruch der Küche. Spüre in dich hinein und nehme wahr, wo du dich am wohlsten fühlst und welche Teile der Wohnung dir nicht gefallen.

Zeichne danach eine kurze Skizze deiner Wohnung in dein Buch und markiere Teile, in denen es dir gut gegangen ist, mit einer hellen Farbe und andere mit einer dunklen Farbe. Fällt dir etwas auf?

2. Schließe, wenn du mit Menschen redest, manchmal die Augen. Wenn das zu auffällig ist, wähle eine Geste, die es dir erlaubt, für einen Moment die Augen zu schließen (Wechseln der Brille, Reiben von Nase oder Augen und so weiter). Fühle in diesen Momenten in dich hinein. Was spürst du von deinem Gegenüber? Was gibt deine Seele an Informationen an dich weiter? Wie fühlt sich dein Gegenüber an?

Erstelle eine Liste von fünf Personen, die dir im Leben nahe stehen. Schreibe dir auf, welche Empfindungen du mit geschlossenen Augen von ihnen erhältst.

3. Versuche ein Gespür dafür zu entwickeln, wie sich »starke Plätze« in deiner Umwelt anfühlen. Merke dir Orte, die dir gut tun und die dich mit Energie zu füllen scheinen. Verbringe dort ein wenig Zeit, wenn du dich »aufladen« musst.

7. Der heidnische Jahreskreis

Einführung

Das Leben des Menschen wird vom Jahreskreis, von Sonne und Mond, in Zyklen unterteilt. Sonne und Mond sind Symbole, die in Kunst und Ritus seit den Anfängen der Menschheit eine große Rolle spielen. Schon früh erkannten die Menschen die Bedeutung der Messung des Sonnenstandes für Aussaat und Ernte, erkannten den Sonnen- und den Mondkalender. Sie fanden sich wieder im Jahreskreis, der das Leben immer gleich begleitet. Es ist daher verständlich, dass die ersten Religionen sich am Jahreskreis orientierten, um ihre Festtermine zu bestimmen.

Auch der christliche Kalender folgt diesen Daten, sodass einige Termine im heidnischen und im christlichen Kalender nahe oder gleich liegen und ähnliche Bedeutungen haben. Das ist einsichtig, denn Erntedank ist nur im Herbst sinnvoll, ein Lichtfest nur im Winter, Aussaat findet im Frühling statt. Diesen Kräften kann man nicht entrinnen.

Beschäftigt man sich mit der Spiritualität der Natur, dann tut man gut daran, sich auch in einen Lebensrhythmus zu begeben, der im Einklang mit der Natur steht. Der hier dargestellte Jahreskreis bietet eine gute, solide Grundlage.

Das Jahr hat 13 Mondmonate. Es beginnt und endet im Jahreskreis mit Samhain. Dieser Kalender ist natürlich auf die klimatischen Erfahrungen in Mitteleuropa ausgerichtet – aber die Naturspiritualität, mit der ich mich beschäftige, ist mit dem Land verbunden, in dem sie ausgeübt wird.

Im Folgenden beschreibe ich einen kompletten Ablauf des Zyklus, um ein Gefühl für den Jahreslauf zu geben. Man muss nicht alle Feste feiern, man muss nicht allen Festen die vorgeschlagene Bedeutung geben. Jeder Mensch muss seinen eigenen Zugang zur Naturspiritualität finden, um glücklich zu werden. Mein Ablauf ist nur ein Vorschlag, an dem man sich orientieren kann.

Samhain

Samhain, auch Halloween genannt, fällt auf den zweiten Neumond im Herbst. Es ist Ende und Anfang des Jahreskreises. In vielen Gemeinden wird am 1. November noch ein Licht auf die Gräber gestellt.

Auch für die Naturspiritualität geht es hier um den Tod und das Sterben. Samhain ist ein Schattenfest, die Tore zwischen den Welten sind nicht geschlossen, die Toten des vergangenen Jahres werden verabschiedet, ein neues Jahr beginnt.

Das Fest ist eng mit Feuer verbunden. Feuer reinigt, Feuer befreit, Feuer ist eine lebendige, schöpferische Kraft, die vernichtet, aber auch Wärme und Licht spendet.

Sinnvoll ist für dieses Fest die Verwendung einer Feuerschale. Schön ist, wenn man nicht nur die Verstorbenen verabschiedet, die im letzten Jahr von uns gegangen sind, sondern auch etwas in die Feuerschale wirft, von dem man sich trennen will.

Das können die Briefe einer verflossenen Liebe sein, aber auch Zettel mit Wünschen, die man für das neue Jahr hat, oder Zettel mit Verpflichtungen, die man für das kommende Jahr eingeht.

Samhain ist ein besinnliches Fest, es ist also nicht verwunderlich, wenn Menschen an diesem Abend nach einem Ritual nachdenklich oder gar traurig werden. Wichtig ist, dass man in dieser Nacht nicht einfach nach der Feier auseinander geht. Man sollte etwas zu essen und zu trinken vorbereiten, wer will, sollte auch übernachten können, damit niemand gezwungen ist, diese Nacht allein zu verbringen. Schön ist, wenn man nachher an einem Feuer zusammensitzt und reden kann. Abschied und Neubeginn gehen oft mit Tränen, Schmerzen und Reden einher. Diesen Gefühlen sollte man zu Samhain Raum geben.

Wenn du alleine feierst, dann sorge dafür, dass du nach dem Ritual nicht in Nachsinnen oder Trauer versinkst. Das Rad der Zeit dreht sich weiter – Tod und Leben, Ende und Neubeginn hängen zusammen und bedingen einander.

Yule

Yule oder Wintersonnenwende (Mittwinter) ist der kürzeste Tag des Jahres und damit die längste Nacht, die Nacht zwischen dem 20. und 21. Dezember.

Ab jetzt werden die Tage wieder länger; die Nacht ist zwar noch sehr lang, aber sie wird wieder kürzer. Die dunkelste, die längste Nacht ist auch die Nacht, in der die Hoffnung, dass die Sonne wiederkehren wird, am stärksten ist. Symbole dieser Nacht, welche die Wiederkehr des Lichtes ankündigen, sind das Feuer und die Mistel. Denn zur Wintersonnenwende wird die Sonne wieder geboren (nicht von ungefähr verbinden sich zu Advent und Weihnachten christliche Symbole und Licht- bzw. Feuerzeichen).

Schön ist hier ein Ritual, in dem das Feuer, das Licht, an alle Teilnehmer eines Rituals weitergegeben wird. Licht und Feuer sollte man fassen, schöpfen können. Eine Kerze, die mit nach Hause genommen wird, oder ein Mistelzweig als Zeichen der Hoffnung sind starke Symbole, die Hoffnung und Freude ausdrücken.

Das gemeinsame Entzünden eines Feuers oder das Anzünden einer kleinen Kerze, die man über Nacht ins Fenster stellen kann, sind Zeichen dafür, dass das Leben weitergeht und die Finsternis wieder zurückgedrängt wird. Schön ist auch eine Handlung, in der man Licht aus einer Flamme schöpft und an die Teilnehmer des Rituals weitergibt oder sich selbst im Licht »badet«, indem man das Feuer und das Licht in sich aufnimmt.

Im Text des Rituals sollte es darum geben, jene Kräfte zu wecken, die mit dem Feuer und dem Licht in Verbindung gebracht werden: die Hoffnung und die Liebe.

Das Feuer ist auch eine Reinigung vom Alten, Vergangenen des beendeten Jahres. Man wird wieder neu, wird wieder lebendig und kann sich den Herausforderungen des kommenden Jahres erneut stellen.

Exkurs: Weihnachten

Für das Überleben der jährlichen Weihnachts-Euphorie mit verstopften Innenstädten und Kaufrausch kann ich ein paar Tipps anbieten.

1. Essen und Trinken

Rühre keine Nahrung an, auf welcher der Zusatz »Weihnachts-« steht. Also keine Weihnachtskekse aus dem Supermarkt, keine Weihnachtsschokolade, kein Weihnachtsbier und keinen Weihnachts(glüh)wein.

Statt Schokolade und fertiger Kekse gibt es selbst gemachte Kekse auf Honigbasis (statt Zucker) und dazu Nüsse aller Art. Bei Getränken beschränke ich mich auf Tee. Die Nächte zwischen den Jahren werden schon hart genug, und da ist ein klarer Kopf sinnvoll.

2. Musik

Weihnachten ist die Zeit, in der man in Fahrstühlen und Einkaufszentren mit Weihnachtsmusik beschallt wird. Die Lieder zu ignorieren ist hier nicht die einfachste Möglichkeit (und außerdem in den seltensten Fällen praktikabel). Und nach dem fünfzigsten »Stille Nacht« oder »White Christmas« wird es schwierig sein, diesen Liedern noch etwas abzugewinnen.

Meine Empfehlung sind hier auf der einen Seite die klassischen Weihnachtslieder. Die orthodoxe Kirche hat einige wunderschöne Weihnachtslieder hervorgebracht, und ebensolches gilt auch für lateinische Weihnachtslieder. Und – ehrlich gesagt: Bing Crosby hatte eine wunderschöne Stimme, aber er hat auch mehr Lieder gesungen als nur »White Christmas«.

Auf der anderen Seite gibt es inzwischen jedes Jahr einen neuen Sampler mit Weihnachtsliedern von aktuellen Popgruppen. Meine private Hörempfehlung ist klar: Elvis Presley (»Elvis' Christmas Album«).

3. Fernsehen

Du solltest auf gar keinen Fall den Fehler machen, an den Weihnachtstagen Privatsender anzuschauen. Die schönsten Weihnachtsfilme sind sowieso in Schwarz-Weiß oder zumindest aus den späten 50er- und frühen 60er-Jahren. Wer schon einmal Peter Ustinov als geflohenen Verbrecher zu Weihnachten anschauen durfte oder »Eine Weihnachtsgeschichte« aus dem Jahr 1951 oder James Stewart als Engelmacher in »Ist das Leben nicht schön?«, der weiß, was ich meine.

4. Hausschmuck

Natürlich geht in der ganzen Stadt das Licht aus, wenn dein Nachbar von gegenüber seinen Elch auf dem Dach mit Strom versorgt. Und natürlich muss es sein, dass in jedem Fenster Lichterketten brennen. Am einfachsten ist es, wenn man sich diesem

Terror entzieht und bewusst auf Pomp verzichtet. Zwei oder drei Zweige im Fenster und eine Kerze sind genug Schmuck. (Friedhofslichter eignen sich hervorragend, Wachskerzen – die es auch als Teelichter gibt – riechen noch dazu schön.) Und sie sind auch doppeldeutig genug, um niemand von den lieben Freunden oder Verwandten abzuschrecken.

Und wenn du es eine Stufe weitertreiben willst: Ich sehe nichts wirklich Christliches an Elchen. Man kann die ganze Wohnung mit Elchen dekorieren, ohne christlich werden zu müssen. Und lustig sieht es auch aus.

5. Geschenke

Ich habe es mir vor Jahren abgewöhnt, meine Umwelt mit teuren Geschenken zu bewerfen. Gute Bücher oder eine schöne CD und das Gefühl, dass man sich wirklich Gedanken gemacht hat, sind oft bessere Geschenke als eine neue Stereoanlage oder ein Wasserbett.

Die Raunächte

Der Jahreswechsel liegt in unserem Kalender in den Raunächten, »gefangen« zwischen Yul und den Heiligen Drei Königen.

Der Januar hat seinen Namen nach dem Gott Ianus; einem zweigesichtigen Wesen, das in die Zukunft und in die Vergangenheit schauen kann. Er hat Augen im Vorder- und im Hinterkopf, die ihm einen besseren Blick verschaffen. Während der normale Mensch sich drehen muss, um zu sehen, was hinter ihm liegt, kann Ianus nach vorn und hinten schauen.

Aber es ist nicht die Zahl der Augen, die festlegt, was wir sehen. Es ist auch die Art, wie wir diese Informationen verarbeiten, wie wir das deuten, was wir sehen können. Viele Seherinnen waren blind oder trugen Augenbinden.

Wir sind oft ähnlich, wir vernebeln unsere Sinne, um nicht wahrnehmen zu müssen, was um uns herum geschieht. Wir reißen uns keine Augen mehr aus, aber wir reglementieren die Türen unserer Wahrnehmung (die »doors of perception«). Alkohol und Nikotin sorgen dafür, dass wir abstumpfen. Das Fernsehen regelt, was wir von der Welt sehen. Das Fernsehen ist ein Fenster, eine »Camera Magica«, mit der wir hinaus in die Welt schauen können – aber nicht überall hin, sondern nur an Orte, die uns gezeigt werden.

Schon der kleine Prinz wusste, dass man nur mit dem Herzen gut sieht. Die Augen sind unsere Fenster zur Welt (und man nennt die Augen auch Fenster zur Seele). Das ist wohl wahr. Aber was hilft es, wenn wir perfekt sehen können, aber nicht erkennen, was wir sehen? Wir können alle mit den gleichen Augen denselben Wald sehen – und trotzdem sieht der eine nur die Erhabenheit der Bäume, der andere nur den Dreck auf dem Boden, und der Dritte sieht den Atem der Welt, der durch den Wald zieht, und bereitet sich darauf vor, eine Stelle zu suchen, um dort den Wald zu spüren und mit den Bäumen zu reden.

Ich kenne ein paar Menschen, die nur ein Auge haben oder nur auf einem ihrer beiden Augen sehen können. Es mag mein Vorurteil sein – aber meiner Ansicht nach schauen sie tiefer als andere Menschen. Vielleicht, weil sie gezwungen sind, das eine Auge optimal auszunutzen.

Die Raunächte sind eine Zeit der Reinigung, eine Friedenszeit zwischen den Jahren. Sie bieten die Gelegenheit, zur Ruhe und mit sich und der Welt ins Reine zu kommen.

Man sollte die Tage besinnlich nutzen, sich ausruhen, »die Seele baumeln« und seine Augen einmal ausruhen lassen. Sinnvoll sind besinnliche Dinge – das Schmücken der eigenen Wohnung, vielleicht kann man sich alte Fotos oder Akten vornehmen und ein wenig von dem aufräumen, was im Laufe des Jahres liegen geblieben ist.

Diese Tage sind ruhige Tage. Die Raunächte sind rau, aber sie sind nicht bösartig. Diese Tage und Nächte bieten sich für Meditationen an. Man sollte ruhig werden, die Schöpfung hören können. Ich empfehle, einmal ein paar Tage lang einfach nichts zu unternehmen – keine Termine, keinen Stress. Ein wenig spazieren gehen, ein wenig lesen oder anderweitig ausspannen. Handarbeit, Basteln, vielleicht ein wenig malen – das sind alles Wege, die der Seele Gelegenheit geben, Energie für das neue Jahr zu schöpfen.

Imbolc

Imbolc, auch (Maria) Lichtmess, »Lady's Day« oder Kerzenfest genannt, liegt 40 Tage nach Weihnachten (also auf dem 1. oder 2. Februar).

Die Tage werden länger, die Erde wird wieder fruchtbar, der Winter geht seiner Neige entgegen. Die Schöpfung nähert sich der Wiedergeburt des Frühlings, der Zeit der Geburt bei Erde, Mensch und Tier. Die Welt erneuert sich, die Schöpfung erwacht aus dem tiefen Schlaf des Winters.

Dieses Fest ist für Frauen wichtig, die es nutzen sollten, um den Mutter- und Frauenaspekt in der Gottheit anzurufen. Jetzt ist der geeignete Augenblick, um für das Jahr und den Sommer den Segen der Gottheit zu erbitten. Dieser Zeitpunkt im Jahreskreis ist ideal für Frauen, um sich durch ihren Kreis oder durch sich selbst zum Beispiel zur Priesterin zu weihen. Fruchtbarkeit, Wachstum, Leben – das sind alles Dinge, die mit diesem Fest und der Weiblichkeit verbunden sind.

Das heißt aber nicht, dass Männer dieses Fest nicht feiern sollten. Allerdings sind andere Termine für sie wichtiger, sie sollten aber lernen, weibliche Aspekte in ihrem Leben zu fühlen und zu würdigen!

Wieder ist es das Licht, das einen wichtigen Teil des Rituals tragen sollte. Licht, das weitergegeben wird, Licht, das reinigt, Licht, das Wärme verspricht. Aber auch Symbole für das Keimen, Wachsen, Blühen sind geeignet: Nüsse, Samen, Zwiebeln wären gute Beispiele.

Und es ist ein Fest, zu dem Gesang oder Lieder von einer CD sehr gut passen. Der Frühling ist eine Jahreszeit, die mit Stimmen und Stimmungen zu tun hat. Also sollte man diesen auch Raum geben.

Exkurs: Karneval

Die Einschätzung der Karnevalisten durch Heiden scheint davon auszugehen, dass die Karnevalisten erstens Menschen sind, die ihr Triebleben auf wenige Tage im Jahr beschränken, dass zweitens Karneval primitiv und peinlich ist und dass man drittens die Karnevalisten eigentlich nur bemitleiden kann.

Dieser Einschätzung kann ich mich nicht anschließen. Eine Gruppe möchte ich gleich in Schutz nehmen – Eltern mit kleinen Kindern. Kinder haben sich das Gefühl für die Magie der Masken und Farben, das uns Erwachsenen so oft fehlt, bewahrt. Unser Ernst hat mit ihrer Fröhlichkeit nichts zu tun. Und Kinder empfinden irren Spaß daran, sich anzumalen, sich zu verkleiden und zu feiern. Also lassen wir sie doch – ob wir dafür dringend einen jährlich wiederkehrenden Auslöser brauchen, mag dahingestellt sein. Aber gerade in unserer Gesellschaft ist es für Kinder wichtig, einmal über die Stränge zu schlagen und einfach nur Spaß zu haben.

Ich kann die höhnischen oder abwertenden Kommentare also nicht verstehen. Ich will nicht lügen müssen, wenn ich feiern will. Warum kann ich nicht einfach ehrlich mit meinem Wunsch umgehen, mich ein wenig zu amüsieren – schon gar, wenn Gleichgesinnte in der Nähe sind?

Der Karneval ist nicht unheidnisch, er ist nur dadurch verwässert worden, dass er zu einem festgelegten Zwangsereignis geworden ist. Aber gibt uns das nicht die Gelegenheit, die Hexenmasken und Zauberermäntel aus dem Schrank zu holen und damit über die Straßen zu gehen? Wenn sich alle anderen verkleiden, können wir einfach jene Dinge tragen, die wir sonst nicht öffentlich tragen.

Ostara

Ostara ist die Frühlingstagundnachtgleiche (21. März).

Der Winter geht, die Erde wird wieder geboren; Licht und Tag siegen erneut gegen Dunkelheit und Nacht.

»Neue Besen kehren gut.« Dieses Fest ist dafür geeignet, magische Gegenstände oder Glücksbringer/Talismane der Gottheit zu weihen. Der Kampf gegen die Dunkelheit ist gewonnen, die Kraft des Lichts bricht sich Bahn. Welche Zeit könnte besser sein, um all das zu weihen, was geweiht werden soll?

Man sollte seinen Kessel reinigen, seine magischen Gegenstände säubern und sie der Gottheit präsentieren. Am besten tut man das draußen, in der freien Natur. Eine Wiese unter dem Himmel oder eine Schonung im Wald sind gleich gut. Doch wer das Licht sucht, um damit zu arbeiten, sollte bei diesem Fest draußen sein.

Zu diesem Fest passt ein Schmuck mit frischen Blumen, Obst und Gemüse sind ebenfalls sehr geeignet. Das gibt auch gleich die Gelegenheit, nach einem Ritual gemeinsam zu essen.

Der Frühling ist voller Farben. Kräftige Farben sind ideal, wenn man sich passend kleiden will. Braun und Grün sind Farben für den Herbst, Schwarz für die Nacht und den Winter. Im Frühling sollte man helle Farben tragen, um sich auf die Natur einzustimmen.

Reinigen kann man die meisten Gegenstände rituell mit ein wenig Wasser – man muss sie ja nicht gleich schrubben, es genügt, sie ein wenig mit Wasser zu bespritzen, wenn es um einen rituellen Effekt geht.

Beltane

Beltane, Beltaine oder Walpurgis ist der klassische »Tanz in den Mai«, das Fest der »Heiligen Hochzeit« zwischen Göttin und Gott (der Gottheit in ihrer dualen Ausprägung). Der Termin ist der zweite Vollmond im Frühling. Aus praktischen Gründen legt man das Fest gern auf den 1. Mai, weil dies ein Feiertag ist (als »Tag der Arbeit«).

Beltane ist ein Fruchtbarkeitsfest. Der Frühling hat bereits begonnen, Ostara ist das Frühlingsfest. Jetzt geht es um das Wachsen und Gedeihen, die Aussaat, es geht um Fruchtbarkeit, um die Belebung von Natur, Tier und Mensch. Gefeiert wird die Verbindung der zwei Hälften der Gottheit, die Ehe zwischen Göttin und Gott.

Viele scheinen das jedoch dahingehend missverstanden zu haben, dass es um ihre eigene körperliche Fruchtbarkeit geht und um sonst nichts. »Fruchtbar« und »befruchten« sind aber beides Worte, die sowohl auf körperliche als auch auf geistige Prozesse zutreffen. Eine Unterhaltung kann uns befruchten, ein Gedankengang ist fruchtbar – genau so, wie man als Mann eine Frau befruchten kann.

Manche naturspirituelle Kreise begehen zu Beltane den so genannten großen Ritus, den Geschlechtsverkehr zwischen Priesterin und Priester, stellvertretend für das Liebesspiel zwischen Göttin und Gott. Ich halte das eher für einen glaubhaften Vorwand für Sex.

Fruchtbarkeit hat viel mit Sex zu tun. Zumindest bei uns Menschen. Beltane hat den großen Ritus, und es gibt mehr als einen Fantasy-Roman, in dem er auch vollzogen wird (am liebsten in Ackerfurchen, wenn ich mich recht entsinne). Aber ist das in unserer Zeit noch realistisch, so prüde, wie wir alle sind? Wer mag es schon, wenn ihm beim Sex zwanzig Menschen zuschauen?

Mich stört aber nicht der Sex, mich stört der Zwang zum Sex an Beltane. Ich will Sex nur haben, wenn mir danach ist. Nicht, weil der Mond richtig steht oder der Wind richtig weht. Nicht, weil die Sterne es mir empfehlen.

Beltane hat etwas mit Fruchtbarkeit zu tun. Mit Fruchtbarkeit, geistig wie körperlich. Aber auch mit Liebe. Oder anders herum: Wenn wir dafür sind, dass Sex zu Beltane gehört, wer stirbt dann für das Ritual an Samhain?

Viele Symbole Beltanes sind sexuell (der Maibaum ist ein riesiger, aufrecht stehender Phallus), aber das ist nicht der ganze Inhalt des Festes. Es geht um Befruchtung, um befruchtet werden. Daher ist dies ein Einweihungsfest, zu dem ein Kreis neue Mitglieder in seine Reihen einführen kann. Und es ist ein Fest, das sich für Initiationen und Weihen eignet. Göttin und Gott sind beide präsent, sodass beide Geschlechter angesprochen werden.

Mein Vorschlag wäre ein Tanz zu Beltane – allein im Wald oder in der eigenen Wohnung oder sich an den Händen fassend im großen Kreis auf einer Wiese oder einer Waldlichtung. Die Gottheit will, dass wir das Leben feiern und uns inspirieren lassen. Tanzen ist nicht nur ein Gemeinschaftsgefühl, nicht nur eine körperliche Erfahrung, es hilft uns auch, einen tranceartigen Zustand zu erreichen, in dem wir eins werden mit der Drehung der Welt und der Kraft der Schöpfung.

Litha

Lithe, Litha oder Sommersonnenwende ist die astronomische Sommersonnenwende zur Mittsommernacht (21. Juni).

Der längste Tag im Jahr ist der Zenit der Gottheit, der Zenit der Schöpfung. Es geht um den Sommer, das Wachsen und die Kraft der Natur, die sich wieder Bahn gebrochen hat.

Litha ist ein kraftvolles Fest, ideal geeignet für Hochzeiten und Familienfeiern im Grünen. Kinder können zu diesem Termin getauft werden, Partnerschaften besiegelt oder einfach Freundschaften geschlossen werden, die, von der Kraft der Gottheit beseelt, lange halten mögen.

Bei diesem Fest gibt es keine Vorschläge für ein Ritual. Eine gemeinsame Feier, das gemeinsame Essen und Trinken, Gesang und Tanz sind ideal geeignet und sollten sich dem Thema des Tages anpassen, wenn es ein solches (wie z. B. eine Hochzeit) gibt.

Sonnenblumenkerne eignen sich als Zeichen für die Kraft der Gottheit, die sich in kleinsten Gegenständen widerspiegelt. Die Sonnenblume ist mit ihren Farben und ihrer Form ein uraltes Sonnensymbol, ihr Samen ein Zeichen für die Hoffnung, die aus einem kleinen Keim eine große Pflanze wachsen lässt.

Lammas

Lammas oder Lughnasad ist der zweite Sommervollmond (um den 1. August).

Das Fest feiert die Ernte, die bevorstehende Anstrengung. Die Ruhe des Sommers ist vorüber, nun ist die Zeit der Arbeit gekommen. Lammas handelt auch von dem Dank für die Erträge, von der dankbaren Annahme der Gaben, welche die Gottheit sendet. Das Jahr ist gereift, es ist in seiner vollen Pracht erblüht, nun werden seine Gaben eingefahren und eingefordert.

Heilig sind Erde und Nahrung, heilig sind die Gaben, die uns die Natur schenkt. Eine schöne Idee ist es, wenn man zu diesem Fest ein Brot backt und anschließend gemeinsam isst. Butter, Käse, Brot, Wasser und Wein – das sind Dinge, die gut dazu geeignet sind, um der Gottheit gemeinsam oder allein dafür zu danken, dass sie uns überreich mit Nahrung beschenkt.

Doch wir sollten auch jenen gedenken, denen es nicht so gut geht wie uns. Man muss nicht in die nächste Stadt gehen und jedem Bettler Geld in den Hut werfen – aber jetzt wäre der geeignete Zeitpunkt, um einer Hilfsorganisation eine Spende zu überweisen oder jemanden zu unterstützen, der Hilfe braucht. Von den Gaben, die wir erhalten, sollten wir etwas weitergeben; Reichtum und Glück sind nicht gleichmäßig verteilt, und wer sie besitzt, der sollte sie auch teilen können.

Eine Möglichkeit wäre, sich gemeinsam zu überlegen, was man tun kann. Ein Jugendzentrum anzustreichen, freiwillige Stunden in einer Suppenküche zu leisten oder Geld für eine Wohlfahrtsorganisation zu spenden sind Dinge, die der Gottheit wohlgefällig sind. Gemeinsame Arbeit, gemeinsames Geben binden Menschen auch aneinander.

Blumen und Kleidung in den Farben des Herbstes (Grün, Braun) eignen sich zur Unterstützung der Symbolik dieses Festes. Den Ort der Feier kann man mit Korn schmücken und mit Blumen auslegen, welche die Kraft der Schöpfung repräsentieren.

Mabon

Mabon ist die Herbsttagundnachtgleiche (um den 21. September).

Das Korn liegt gedroschen in der Scheune und wartet auf die nächste Aussaat. Wir nähern uns den ruhigen Monaten, der dunklen Zeit.

Vor dem Winter sollten wir an das denken, was uns über die Zeit der Kälte bringen wird. Wir sollten der Reife der Kornähren gedenken, der Kraft der Schöpfung, des Füllhorns an Nahrung, die uns umgibt.

Aber es soll nicht nur um Nahrung gehen. Auch die Farben des Sommers können ein letztes Mal leuchten. Alle pflanzlichen Erzeugnisse sind Teil der Natur.

Jetzt ist die Zeit, um wollene Decken und Umhänge herauszuholen. Die Feier dieses Fests ist an einem frühen Abend ideal. Während die Sonne am Horizont untergeht, kann man der Sonne gedenken, die nun schwächer wird, um bald wieder geboren zu werden. Die Sonne sinkt, doch sie wird erneut steigen. Wir sind geboren, um zu sterben. Alles hat seine Zeit, alles hat seinen Sinn. Wir Menschen sind Teil eines umfassenden Lebenskreises, der sich immer und immer wiederholt.

Und wie die Sonne siegreich wiederkehren wird, so werden auch wir triumphieren, wenn es uns gelingt, ein Gefühl für die Naturspiritualität, ein Gefühl für den Jahreskreis, zu entwickeln.

Es hilft uns, die Dinge in einem größeren Zusammenhang zu sehen, Niederlagen in Erfolge umzuwandeln und unserem Leben einen Sinn zu geben.

8. Der heidnische Lebenskreis

Einführung

Jahr für Jahr bewegt sich unser Leben durch den naturspirituellen Jahreskreis. Die Feste in diesem Jahreskreis verschieben sich ein wenig, verändern sich ein wenig und bleiben doch gleich. Sie bilden einen immer wiederkehrenden Kreis, so, wie sich die Erde im Kreis um die Sonne bewegt.

Der Lebenskreis ist nicht gleichförmig. Es ist nicht sicher, wie viele Geburten unser Leben umfassen wird. Sicher ist nur, dass wir geboren werden und sterben müssen. Aber wann das passiert und wie das passiert – darauf haben wir fast keinen Einfluss. Der Lebenskreis ist auch eine Bewegung, die unser Leben nimmt. Lebenskreis und Jahreskreis zusammen bilden eine Spirale, die sich nach oben bewegt. Die kreisförmigen Bewegungen der Spirale sind die Jahreskreise, während unser Leben in seiner Bewegung die Spirale entlang nach oben dem Lebenskreis folgt.

Die nun beschriebenen Ereignisse sind Eckpunkte des Lebens. Man muss sie nicht feiern, man muss sie nicht in dieser Form feiern. Aber sie alle sind Geschenke und Gaben der Gottheit an uns Menschen. Und für Geschenke sollte man sich bedanken und sie feiern. Das ist der Grund für die nun folgenden Ritualvorschläge.

Geburt

Jedes Leben beginnt mit einer Geburt. So banal dieser Satz auch klingen mag, so tiefgründig wahr ist er auch. Ohne Geburt kein Tod, ohne Geburt kein Weiterbestand der Schöpfung, ohne Geburt keine Erneuerung. Eine Geburt ist ein Fest der Freude, ein Fest der Besinnung. Jede Geburt eröffnet der Schöpfung neue Möglichkeiten, sich zu präsentieren.

Viele Naturspirituelle haben ein Problem mit christlichen Handlungen, weil sie nicht in unser Weltbild passen. Die Taufe ist »unrein«, weil sie mit einem christlichen »Touch« versehen ist. Trotzdem haben Kinder ein Recht darauf, dass es Menschen gibt, die sie durch das Leben begleiten/anleiten. Ich meine damit nicht die weit verbreitete Methode, die eigenen Onkels und Tanten zu Paten zu haben. Das sind Menschen, die durch Blutsband und Familientreffen ohnehin an uns gebunden sind.

Ich denke eher an ein Ritual, welches dem Kind Menschen zur Seite stellt, die sich – neben seinen Eltern, den Geschwistern und dem weiteren Rahmen der Familie – um es kümmern. In meinem Bekanntenkreis gibt es mehr als ein Kind, an dem ich »schuld« bin. Nicht in einem biologischen Sinn, aber doch dadurch, dass die Eltern sich über mich (oder in einem Rahmen, den ich gestellt/vorgegeben habe) kennen gelernt haben. Für diese Kinder fühle ich mich verantwortlich (auch wenn das ein altertümlicher Standpunkt sein mag, vertrete ich ihn doch vehement!).

Kinder haben – wie alle Menschen – einen Bedarf an religiösen Handlungen, die sie an den mythischen Kosmos binden. Warum nicht ein heidnisches Ritual, das ihnen Paten an die Seite stellt – auch wenn ich gern bereit bin, mich von dem kritischen Wort »Pate« zu lösen, wenn das Schwierigkeiten bereiten sollte. Das Konzept ist wichtig, nicht das Etikett, das dem »Produkt« nachher aufgeprägt wird.

Paten sollten Menschen sein, die für jene Belange des Lebens, die im Bezug zur Naturspiritualität stehen, von Bedeutung sind. Lehrerinnen und Lehrer, Anleiterinnen und Anleiter, Priesterinnen und Priester, Magier, Hexen, weise Frauen. Die Eltern müssen sich um die Erziehung des Kindes kümmern. Für Geburtstagsgeschenke und Ähnliches stehen die Paten bereit. Aber jemand, der eine Verantwortung für ein Kind in einem Ritual übernimmt, der übernimmt es auch, diesem Kind Anleitung und Hilfe zu sein, wenn es dieser bedarf.

Die Eltern sollten sich von ihrem Bauchgefühl leiten lassen. Wer wird sich auch noch in zwei Jahrzehnten an das Kind erinnern? Wer ist geeignet, Fragen zu Leben und Tod, Liebe und Hass zu beantworten, wenn das Kind alt genug geworden ist, um diese Fragen zu stellen?

Es müssen nicht zwei Paten sein, ein weiblicher und ein männlicher. Prinzessinnen haben im Märchen nur weibliche Paten, die dann mit ihren Wünschen für die mehr oder weniger glückliche Zukunft des Kindes sorgen.

Im Lauf eines Rituals zur Geburt sollte ein Kind mit allen vier Elementen in Verbindung kommen. Wasser, um es zu reinigen und es zu besprengen, Feuer, um es das Licht sehen zu lassen, Erde, um die Erde und die Schöpfung zu spüren, und Luft, um die Bewegung zu spüren, die unser Leben ausmacht.

Man kann das Kind anpusten, um es den Wind spüren zu lassen. Man kann sein Gesicht mit Wasser besprengen, um es das Wasser spüren zu lassen. Man kann das Kind vor eine Kerze tragen und sich mit dem Kind im Arm vor der Kerze verbeugen oder auf die Knie gehen, um die Verehrung für das Licht und das Leben zu zeigen. Man kann dem Kind einen Stein schenken, ihm mit Erde ein Mal auf die Stirn zeichnen oder ihm Blätter und Tannenzapfen oder Nüsse in die Wiege legen, damit es die Erde spürt.

Schön ist es, wenn unterschiedliche Menschen jeweils den Part eines Elements übernehmen. Wenn beide Elternteile und zwei Paten das Ritual durchführen, ist die Verteilung einfach. Sonst kann man Freunde und Verwandte bitten, daran teilzunehmen.

Das Ritual sollte im Idealfall draußen stattfinden. Da uns aber nicht alle Kinder den Gefallen tun, im Frühling oder Sommer geboren zu werden, bietet sich jeder Raum an, der Atmosphäre hat – der Nebenraum eines Landgasthofs oder eine große Wohnung können auch Nähe und Wärme ausdrücken.

Danach ist es schön, wenn man noch eine Weile lang zusammenbleiben kann. Vielleicht geht man gemeinsam essen oder baut ein Buffet auf. Man kann auch singen, spielen, tanzen – das neue Leben sollte gefeiert werden.

Schön ist es, wenn die Eltern ein kleines Geschenk vorbereiten, das sie jedem Gast zur Erinnerung mit nach Hause geben können. Eine Nuss als Zeichen des Lebens, ein schöner Zweig, ein eigens ausgewählter Stein oder eine selbst bemalte Dankeskarte (vielleicht mit einem Foto des Kindes?) sind geeignete Erinnerungsstücke.

Hochzeit

Zwei Menschen haben beschlossen, ihr weiteres Leben zusammen zu verbringen. Es ist ohne Belang, welches Geschlecht beide haben – Hauptsache, sie sind volljährig und in der Lage, ihre Entscheidungen nach freiem Willen zu treffen. Es ist auch unwichtig, ob diese Hochzeit für immer hält. Wichtig ist, dass es im Moment so aussieht, als würde das so bleiben.

Kein Mensch kann verbindliche Aussagen über seine Zukunft machen, darüber, was in drei oder vier Jahrzehnten sein wird. Aber man kann Willenserklärungen abgeben; erklären, was man tun möchte. Das Versprechen, den Rest des Lebens zusammenzubleiben, ist für mich eine solche Willenserklärung. Beziehungen unterliegen einem Wandel. Man sollte reinen Herzens das Versprechen geben, immer beieinander zu sein – und eine spätere Trennung darf alles heißen, nur nicht, dass das Versprechen damals eine Lüge war.

Hochzeiten können sich vom Stil und von der Ausrichtung her völlig unterscheiden. Sind es zwei junge Menschen, die Kinder bekommen und einen Hausstand gründen wollen? Sind es zwei Menschen in der Mitte des Lebens, die nach unterschiedlichsten Partnerschaften und Beziehungen jetzt endlich den Menschen gefunden haben, den sie lieben und mit dem sie die restlichen Tage verbringen möchten?

Haben die beiden Menschen sich in der Schule kennen gelernt, beim Tanzen, auf einem Ritual, bei einem Konzert? Sind sie schon lange zusammen oder erst seit ein paar Monaten?

Es ist schwierig, für all diese Möglichkeiten ein passendes Ritual fertig in der Hinterhand zu haben. Wichtig ist aber, dass man die Bindung zweier Menschen feiern sollte, die beschlossen haben, zusammenzubleiben – und die hoffentlich auch wollen, dass diese Feierlichkeit einen naturspirituellen Rahmen erhält!

Es gibt keinen Grund, warum man die Feier für die Familie und die Feier für die naturspirituellen Freunde zusammen feiern sollte – aber es gibt auch keinen Grund, warum man sie trennen muss.

Prinzipiell gilt das, was ich auch schon über die Räumlichkeiten zur Feier einer Geburt gesagt habe. Meiner Ansicht nach bietet sich als Zeit der Sommer und als Ort eine Wiese an, aber das kann man nicht immer organisieren oder erzwingen.

Bei einer Hochzeit sollten beide Menschen auch rituell miteinander verbunden werden. Ein Schwur (es muss nicht das gute, alte »... bis der Tod euch scheidet« sein; es gibt genug Hochzeits- und Heiratsformeln, die man verwenden kann) passt gut dazu, dann sollte jemand die ineinander gelegten Hände des Paares mit einem bunten Tuch verbinden (das ganze Ritual wird

»Handfasting« genannt). Blau und Grün sind schöne Farben (die hier für Fruchtbarkeit stehen), Rot bedeutet Leidenschaft/Liebe, Braun Verlässlichkeit/Vertrauen. Sehr schön ist es auch, wenn man das Paar mit Blütenkränzen schmückt und jedem von ihnen einen Finger mit Gras oder Halmen (in Form eines Rings) umwickelt.

Jemand sollte den Segen der Gottheit für die Verbindung anrufen, jemand sollte dem Paar etwas schenken, das man gemeinsam gekauft hat und das für die gemeinsame Beziehung von Bedeutung ist. Vielleicht eine schöne Truhe, ein schönes Bild, ein paar Tücher?

Gut wäre es, wenn man sich als Gast im Vorfeld der Hochzeit mit anderen Gästen in Verbindung setzt, um sich auf einen Ablauf des Rituals und gemeinsame Geschenke zu einigen (wenn das Paar nicht schon eine Person eingesetzt hat, die sich darum kümmern soll).

Natürlich gehören Tanz, Gesang und eine große Feier zu einer Hochzeit. Und nachts sollte man am Feuer stehen und den Sternenhimmel anschauen können, einen anderen Menschen im Arm und ein gutes Bier in der Hand. Das Leben ist zu kurz, um solche Momente zu verpassen.

Weihe

Weihe oder Initiation sind jene Momente, an denen ein Mensch vor die Gottheit tritt, um einen bestimmten Grad, eine bestimmte Aufgabe oder einen bestimmten Namen zu erhalten.

Im besten Fall kann dies das Gefühl einer kurzen Einheit mit dem Göttlichen sein, im schlimmsten Fall passiert nichts. Zwischen diesen beiden Extremen bewegen sich ja die menschlichen Erfahrungen mit Gottheiten ...

Man sollte sich einer Weihe, einer Initiation, nur stellen, wenn man sich seiner nötigen Reife sicher ist. Das Urteil anderer Menschen hilft viel, wenn man dann allein vor dem Angesicht des Göttlichen steht.

Wichtig ist, dass man vorher weiß, was man will. Man muss sich sicher sein, dass das, was man tut, dem entspricht, was man will.

Möchte man allein sein, oder möchte man, dass andere Menschen Gesellschaft leisten? Möchte man drinnen feiern oder draußen? Gibt es einen Ort, an dem man ungestört und feierlich die Weihe vollführen kann?

Was ist das Ergebnis, das man erreichen möchte? Möchte man sich der Gottheit verpflichten, zum Beispiel, indem man für einen Kreis von Menschen die Position als Priesterin oder Heiler übernimmt? Möchte man sein Leben verändern und ist als Preis bereit, dafür die Verpflichtung an die Gottheit zu zahlen? Möchte man sich einfach nur erneuern, Energie tanken, sich selbst wieder mit der Gottheit in Einklang bringen? Möchte man einen bestimmten Schritt im eigenen Leben, einen Fortschritt beim Lernen manifestieren und einfach für sich und die Umwelt klarstellen, dass sich im Leben etwas geändert hat?

Wenn das geklärt ist, wenn man weiß, was man will, wo man es will und wer anwesend sein soll, dann sollte man sich überlegen, wie der Ablauf sein soll.

Zuerst betritt man den Platz in Ruhe (am besten von Osten, aus der Richtung der aufsteigenden Sonne), weiht ihn, reinigt ihn (mit einem Besen oder einigen Zweigen darüber fegen reicht schon) und sichert ihn. Letzteres könnte man dadurch tun, dass man an die vier Seiten schreitet und aus jeder Himmelsrichtung die Mächte der Erde anruft, diesen Platz zu schützen, solange dort gefeiert wird.

Dann begrüßt man die Gäste (wenn welche da sind) und ruft die Gottheit an. Man erklärt, wer man ist, was man möchte, was man geleistet hat und zu geben bereit ist. Dann wartet man, am besten mit geschlossenen Augen.

Wie gesagt: Das Spektrum der Erfahrungen ist hier breit. Lass dich überraschen.

Danach sollte man die Schritte rückwärts wieder durchführen. Man dankt der Gottheit und verabschiedet sie. Man bedankt sich bei den Gästen und verlässt den Platz (am besten über die westliche Seite, der untergehenden Sonne nach).

Dann kann man in Ruhe abwarten, was sich verändert hat. Es wird sich etwas verändern, aber nicht alle Veränderungen, welche die Gottheit verursacht, sind offensichtlich und eindeutig.

Tod

Der Tod beendet unser Leben. Ich habe wenige Hinweise, wie man mit dem eigenen Tod umgehen sollte. Drei Dinge kann ich dir mitgeben.

1. Plane nicht, wie du deine Trauerfeier etc. gestalten willst. Du wirst nicht kontrollieren können, wie deine Nachwelt mit dir umgeht. Deshalb solltest du auch in die Planung keine Zeit investieren.
2. Denke daran, dass die Menschen, die dich lieben, genug Schmerzen haben, wenn du gegangen bist. Sorge dafür, dass wichtige Dinge wie Testamente oder persönliche Briefe auffindbar sind.
3. Du bist nicht unsterblich. Wenn es etwas gibt, was du in deinem Leben noch tun musst und immer vor dir herschiebst: Tu es bald, denn auch du bist sterblich.

Wenn aber jemand gestorben ist, der dir oder den Deinen viel bedeutet hat, dann solltest du Abschied nehmen.

Abschied nimmt man am besten abends, wenn die Sonne untergeht und die ersten Sterne sich am Himmel zeigen. Abschied nimmt man, indem man etwas verbrennt. Am schönsten ist es, wenn man sich trifft, den Namen des Verstorbenen ausspricht und danach jeder sagt, was er vermissen wird, jetzt, wo er oder sie gegangen ist. Wenn alle gesprochen haben, sollten sie einen Gegenstand – als Reisebegleiter für die Reise über das Meer der Nacht oder einfach als Opfer für die Gottheit – in das Feuer werfen. Am schönsten sind solche Feiern im Kreis, wenn jeder der Reihe nach vortritt, einige Worte sagt, seinen Gegenstand ins Feuer wirft und wieder ins Dunkel tritt, sodass der Nächste dran ist.

Danach sollte man Wein kreisen lassen und sich nicht schämen, wenn man weint oder einen Kloß im Hals hat.

Dort, wo er jetzt reist, reist der Verstorbene allein. Aber wir können ihn dadurch ehren, dass wir ihn nicht vergessen. Nur der, der vergessen ist, ist wirklich tot.

9. Schlussbemerkung

In der ersten Aufgabe habe ich dich gebeten, nach meinen Regeln vorzugehen und dich auf sechs Punkte festzulegen. Du hast es getan und bis jetzt nach meinen Regeln gespielt.

Ich versprach dir einen kleinen Blick auf den Zauber der Welt. Einen Zauber habe ich gleich gewirkt: Ich hatte dich an meine Regeln gebunden. Ein Trick, das weiß ich, aber einer, der funktioniert. Ich hoffe, dass es sich für dich gelohnt hat. Ich hoffe, du hast zumindest etwas über dich gelernt. Das »Erkenne dich selbst – erfinde dich selbst« heißt auch, dass jede Erfahrung wichtig ist, jede Veränderung Chancen in sich birgt.

Wenn du dich wirklich für die Naturspiritualität interessierst, dann muss dir bewusst sein, dass ein solcher Ansatz nur sinnvoll ist, wenn er auf alle Menschen ausgeweitet werden kann. Auf alle! Eine Gesellschaftsveränderung, die zwar einigen auserwählten Naturnähe, Spiritualität und Magie bringt, aber eben nicht allen Menschen, ist für mich nicht interessant. Alle Menschen sollen die Möglichkeit haben, nach ihren Bedürfnissen zu leben und nach der Erfüllung zu suchen. Alle Menschen, nicht nur eine ausgewählte Gruppe.

Deswegen gebe ich den Obdachlosen ab und an mal Geld. Wer weiß – vielleicht fängt sich mein Gegenüber und wird der große spirituelle Lehrer des 21. Jahrhunderts? Da ich es nicht ausschließen kann, bleibt es für mich eine Möglichkeit. Alles ist möglich, wenn sich alles verändern kann.

Geld kann man ohnehin nicht mit auf die andere Seite nehmen. Aber vielleicht bin ich später mal ganz froh, wenn ich am Tor von Walhalla oder wo auch immer ein paar Obdachlose habe, die für meinen guten Leumund Eide abzulegen bereit sind.

Das allein wäre Gewinn genug. Häuser kann man kaufen, einen echten, guten Leumund nicht.

Alles ist nur möglich, wenn sich auch alles verändern kann.

Alles fließt.